Theodor Schön

**Die Staatsgefangenen von Hohenasperg**

Theodor Schön

**Die Staatsgefangenen von Hohenasperg**

ISBN/EAN: 9783743443082

Hergestellt in Europa, USA, Kanada, Australien, Japan

Cover: Foto ©ninafisch / pixelio.de

Manufactured and distributed by brebook publishing software (www.brebook.com)

Theodor Schön

**Die Staatsgefangenen von Hohenasperg**

Württembergische Neujahrsblätter.
Neue Folge. Blatt 4.

# Die Staatsgefangenen von Hohenasperg.

Von

Theodor Schön.

Mit zwei Bildern.

Stuttgart.
Verlag von D. Gundert.
1899.

Druck der Stuttgarter Vereins-Buchdruckerei.

Der Asperg, welcher sich im fruchtbaren Glemsgau zwischen dem alten Markgröningen und der jungen Stadt Ludwigsburg erhebt, ist ein uralter, bei den Erforschern der deutschen Vorzeit berühmter Herrschersitz und eine einst vielgenannte Festung. Aber seinen Ruf daheim und auswärts verdankt er hauptsächlich der einstigen Benützung als Staatsgefängnis. Wegen dieser Eigenschaft hat ihm Volks- und Dichtermund manchen Namen beigelegt: württembergische Bastille, das große Freiheitsgrab des kleinen Württemberg, Demokratenbuckel, Aschen- und Thränenberg. Der Volkswitz läßt einen Knaben in der Schule auf die Frage des Lehrers, welches der höchste Berg in Württemberg sei? antworten: der Asperg, und auf die weitere Frage, warum? weil mein Vater drei Jahre gebraucht hat, um herabzukommen. Auch sang das Volk:

Auf den Bergen wohnt die Freiheit,
Auf dem Asperg aber nicht!

Dem Zweck, Staatsgefangene in seinen Mauern aufzunehmen, hat der Berg nachweislich zum erstenmal vor jetzt genau vierhundert Jahren, im Jahre 1498, gedient, nachdem Kriegsgefangene längst droben gesessen waren, wie z. B. der am 6. April 1280 von Graf Albrecht v. Hohenberg gefangen genommene Graf Hartmann v. Grüningen, der am 4. Oktober 1280 auf dem Asperg gestorben ist. Damals, 1498, haben übrigens die württembergischen Landstände, nicht der Landesfürst, den Berg als Gefängnis benützt. Am 18. Mai d. J. beklagt sich nämlich Herzog Eberhard II. über die Landschaft, daß sie Hans Truchseß von Stetten, einen „wohlgeleumdeten" Ritter, in des Herzogs Geschäften gefangen genommen, in einen Diebsturm gelegt und durch den Nachrichter hatten foltern lassen. Hans sollte, wie so manche fürstliche Günstlinge vor und nach ihm, Zwietracht zwischen dem Herzog und seiner Gemahlin gesät haben. Erst am 28. Juni wurde er gegen eine Urfehde, d. h. das Versprechen, sich nicht rächen zu wollen, aus der Haft entlassen und starb 1505.

Der zweite Bewohner des Asperg als Staatsgefangener war ein Opfer der ständischen Kämpfe. Am 20. November 1516 ließ Herzog Ulrich den um das Wohl des Landes verdienten Sebastian Breuning, Vogt in Weinsberg, ergreifen und nach dem Asperg führen. Dort wurde er verhört und nach der Sitte der Zeit zunächst gefoltert. Die Folter erpreßte ihm das Geständnis, daß er auf die Absetzung des Herzogs hingearbeitet habe. Ulrich kam selbst auf die Festung und nach ihm der Nachrichter mit den Folterwerkzeugen. Am andern Morgen mußte der Gefangene sein Geständnis vor dem „Siebener"-Gericht wiederholen. Das über ihn gefällte Todesurteil wurde dann am 11. Dezember vollzogen.

Auch der österreichischen Regierung diente nach Herzog Ulrichs Vertreibung 1519 der Asperg als Staatsgefängnis. So heißt es in einer Urkunde vom 4. Juli 1531, daß der Graf Christoph Friedrich von Zollern „nunmehr ain gute Zeit und noch auff dem Asperg fengklich enthalten" (gefangen gehalten) wurde. Die Gefangenschaft desselben dauerte zwei Jahre. Seine Verwandten Graf Christoph v. Werdenberg und Truchseß Georg von Waldburg hatten ihn wegen seiner verschwenderischen Lebensweise und einer Verbindung mit der Tochter des Augsburger Patriziers Dr. Rehlinger bei Burladingen auf offener Landstraße gefangen genommen und nach dem Asperg geführt. Seine Freilassung überlebte Graf Christoph Friedrich nur um wenige Jahre. Er starb 3. August 1536. Der 1535 von Herzog Ulrich in die starke Feste Hohenasperg umgewandelte Platz diente nun zwei Jahrhunderte hindurch ausschließlich militärischen Zwecken und spielte in allen Kriegen, vom Schmalkaldischen 1547 bis zum Französischen 1693, eine Rolle. Erst als der Berg im

Hohenasperg um 1840.

Fortschritt der Kriegskunst und ihrer Mittel seinen Wert als Festung eingebüßt hatte, wurde er wieder Staatsgefängnis.

## Achtzehntes Jahrhundert.

Der erste Staatsgefangene, welcher im achtzehnten Jahrhundert, am 8. April 1737, den Hohenasperg, der Amtserschleichung, des Betrugs, der Majestätsverletzung und des Hochverrats beschuldigt, bezog, war der als „Jud Süß" bekannte Finanzkünstler Josef Süß=Oppenheimer, welcher seit 20. März auf dem Hohenneuffen gesessen hatte. Kommandant der Festung war damals der Major Wolfgang Glaser, der in seinen Briefen an

seinen Schwager den Gefangenen als „den Hebräer, die
Bestie" zu bezeichnen pflegte. Hiernach kann man sich
schon denken, welche Behandlung dem Gefangenen zu teil
wurde. Sein Gefängnis war ein tiefes Behältnis, in
welchem er an einer Kette lag. Der Profoß traktierte
ihn mit Maulschellen. Beschwerden hierüber blieben ohne
Erfolg. Bald ergriff den Gefangenen Verzweiflung. Um
den Qualen der Gefangenschaft zu entgehen, suchte er sich
auszuhungern und nahm vier Tage lang nicht eines
Kreuzers wert an Nahrung zu sich. Er machte dem Kom=
mandanten schon Sorge: „er möchte liegen bleiben und
krepieren." Doch endlich besiegte der Hunger den Trotz
des Gefangenen und er nahm wieder Speise zu sich, so
daß, wie der Kommandant meinte, „ich also wieder Hoff=
nung habe, ihn lebendig zum Galgen schicken zu können".
Nur um der schrecklichen Haft bald entledigt zu werden,
machte der Gefangene Geständnisse, gestand Sachen, die
er gar nicht begangen haben konnte. Doch die Angst um
sein durch den Henker bedrohtes Leben veranlaßte ihn
schon nach wenigen Tagen, das Gestandene zu widerrufen.
Den Pfarrer Georg Konrad Rieger, der ihn am 7. Dezember
besuchte, flehte er um Vermittlung einer Audienz beim
Herzog=Vormund Karl Rudolf an, natürlich vergebens,
wie auch seine Briefe, die er vom Hohenasperg aus an
denselben absandte, nie ihre Adresse erreichten, sondern,
wie der Kommandant ganz ungeniert dem Gefangenen
mitteilte, unterschlagen wurden. Als der Pfarrer die Ver=
mittlung einer Audienz abschlug, bat Süß, mit ihm
wenigstens, wenn er schuldig wäre, kurzen Prozeß zu
machen, oder ihn, wenn er das Leben nicht verwirkt hätte,
mit leeren Händen aus dem Land zu schicken. Auch dieser
Wunsch ward nicht erfüllt, vielmehr saß er fast noch zwei
Monate auf dem Hohenasperg. Mag man über die recht=
liche Schuld dieser oder jener Ansicht sein — schuldlos ist
er unter keinen Umständen gewesen, aber mindestens nicht
schuldiger, als seine christlichen Genossen. Thatsache ist ja,

Jud Süß-Oppenheimer.

Nach einem gleichzeitigen Stich.

daß der berühmteste Jurist im Lande, Professor Harpprecht in Tübingen, erklärte: nach den Reichs= und Landesgesetzen könne man den Juden nicht zum Tode verurteilen, man solle ihm seinen Raub, soweit er erwiesen sei, abnehmen und ihn aus Württemberg verbannen. Und wer möchte das gerichtliche Verfahren gegen Süß beschönigen? Er war verurteilt von dem Augenblick an, wo er gefangen wurde. Man verkürzte ihm das Recht, das man selbst dem schwersten Verbrecher heute nie versagt, das Recht auf Verteidigung. Man verschwieg dem Gefangenen, als ihm am 29. Januar 1738 mitgeteilt wurde, er solle morgen nach Stuttgart reisen, daß bereits am 13. Dezember 1737 das Todesurteil über ihn gefällt worden war. Man ließ ihn in dem Glauben, seine Haft habe ihr Ende erreicht und er werde wieder frei. In gehobenen Worten gab Süß dem Wärter gegenüber seiner Freude Ausdruck. Am Morgen des 30. Januar putzte er sich mit seinen präch= tigsten und reichsten Kleidern, einem roten Frack mit Gold= stickereien, zur Rückkehr in die Residenz. Wie mußte es auf das Gemüt des unglücklichen Gefangenen wirken, als ihm am 31. Januar statt der Freilassung das Todesurteil eröffnet wurde! Am 4. Februar endigte er am Galgen, ein Opfer eigener Schuld und der Vorurteile der Zeit= genossen gegen sein Volk.

Als am Abend nach der Hinrichtung die Postknechte, welche Schaulustige vom Asperg zur Hinrichtung des Süß nach Stuttgart geführt hatten, nach Hohenasperg zurück= gekehrt waren, stellten sie sich unter die Fenster der Mitschuldigen des Süß, die dort gefangen saßen, und schrieen zu einem derselben, Hallwachs, hinauf: „den einen haben sie nun gehängt, jetzt kommt es an dich, du Schelm da droben!" Bei diesen Rufen überfiel Todes= angst die Mitschuldigen des Hingerichteten. Von diesen war der genannte Jakob Friedrich Hallwachs, Expeditions= rat und Pfleger des Stuttgarter Waisenhauses, „wegen der mit dem Süßen getriebenen Malversationen und lands=

verberblichen Anschläge" am 12. März 1737 verhaftet, am 20. auf den Hohenneuffen und später auf den Hohenasperg gebracht worden. Anfangs benahm er sich dort sehr hochmütig. Als aber seine Rechnungsdefekte untersucht wurden, ward er ganz kleinlaut. Am 4. August 1738 prozessierte man ihn kriminaliter. Doch bestand seine Strafe nur in Landesverweisung. Er ging nach Eßlingen und starb 1763. Als weiterer Mitschuldiger galt der Landschreiber Johann Christoph Bühler (geb. 11. Januar 1699 in Backnang), der am 12. März 1737 seines Amtes entlassen wurde und 20. März auf den Hohenneuffen, später auf den Asperg kam. Nachdem er jahrelang in Haft als Staatsgefangener gesessen, wurden endlich auf sein bringendes Bitten die umfangreichen Akten der Juristenfakultät in Göttingen übergeben, deren Gutachten im Januar 1745 dahin lautete, daß „auch nicht das geringste Anzeichen sich äußern wollen, nach welchem man nur vermuthen können, daß Bühler in irgend eine gewinnsüchtige Gemeinschaft mit dem Juden eingetreten sei." Von Kummer und Sorge gebrochen, starb Bühler 1746.

Am 4. April 1737 wurde auch Generalfeldwachtmeister Freiherr Franz Josef v. Remchingen, dem am 19. März Hausarrest angekündigt worden war, von Stuttgart aus als Mitschuldiger des Süß auf den Hohenasperg, wo er drei ineinandergehende Zimmer in der Offizierskaserne erhielt, auch spazieren gehen durfte, in bessere Aufsicht gebracht, ebenso am 23. April früh um 1 Uhr der Hofkanzler Dr. Johann Theodor Scheffer († 1745) und am 24. April der Adjutant Remchingens, Hauptmann Gerhard, als des Generals Instrumente, in Arrest auf die Festung gebracht. Gegen Scheffers Verhaftung hatte die Witwe des Herzogs Karl Alexander heftigen Widerspruch erhoben. Er wurde auch bald wieder, 1738, seiner Haft entlassen mit Vorbehalt aller Ehren und Würden.

Remchingen saß 2½ Jahre, bis 7. November 1738, auf Hohenasperg, dann in Ludwigsburg; er rettete sich

1 Uhr nachts am 30. September 1739 durch die Flucht, worauf man ihn am 7. Dezember seines Rangs entsetzte und aus dem Land verbannte, ihm auch 1200 Reichsthaler Strafe auferlegte und sein Vermögen konfiszierte.

Ein anderer Mitschuldiger von Süß, der durch den Spottvers: O Metz, o Metz, dein Sach ist letz, bekannte Oberrat Johann Albrecht Friedrich Metz, ein Sohn des Landschreibers Tobias Albrecht Metz, wurde ebenfalls seines Amts entlassen und eingekerkert, später des Landes verwiesen. Er starb als kurmainzischer Hofrat.

Fortan blieb der Hohenasperg dauernd Staatsgefängnis. Nach Süß und seinen Genossen bezog 1756 die Kerker des Hohenasperg eine Gefangene, welche als Marianne Pyrker am meisten von allen Bewohnern derselben mitleidige Teilnahme gefunden hat: Anna Maria Geyereck, geboren 1717, seit etwa 1737 mit dem Violinisten Franz Josef Pyrker vermählt. Ihr Gatte war am Stuttgarter Hoftheater seit 1750 als Konzertmeister und sie als Hofsängerin angestellt. Eine zum mindesten taktlose Einmischung in das Familienleben des Herzogs Karl Eugen war es, was sie auf die Festung führte. Sie hatte dessen Gemahlin von des Herzogs Beziehungen zur Tänzerin Augusta Agata, geborenen Garbela, unterrichtet. Der erbitterte Herzog ließ sie in Stuttgart verhaften. Vergebens bat die Herzogin um ihre Freilassung. Ja, nachdem die Herzogin im September 1756 aus Stuttgart zu ihren Eltern nach Bayreuth entflohen war, ließ der Herzog die Pyrker auf den Hohenasperg in strengen Arrest bringen. 8½ Jahre saß sie dort gefangen. Sie verlor durch ihr Klagegeschrei im Kerker ihre schöne Sopranstimme, die in einen tiefen Baß herunterging. Noch mehr: sie verlor infolge ewiger Einsamkeit und Nichtbeschäftigung, worin sie auf ausdrücklichen Befehl des Herzogs gehalten wurde, den Verstand. Oberamtmann Huber (s. unten) traf sie 1764 schon geistesgestört an. In ergreifenden Versen schildert er ihr Erwachen am Morgen:

Doch wer beschreibt der Marianne Kummer,
der izt erwacht?
So wekt erschröklich von dem leichten Schlummer
der Traum der Nacht.
In stillem Weh schleicht sie mit leisen Schritten
im Kerker um.
Will Niemand, seufzt sie, Niemand für mich bitten?
Dann steht sie stumm.
Der Kerkerknecht, erweicht, tritt in die Thüren
und tröstet sie.
Helft! ruft sie kraftlos und fällt, ihn zu rühren,
auf ihre Knie.
Jetzt weint sie, doch ihr Schmerz wird nicht gelinder,
er häuffet sich.
Dann ruft sie laut: Ach Kinder, meine Kinder!\*)
Helft! rettet mich!
Oft hat ihr Lied\*\*) das Mitleid herbefohlen,
das nichts genüzt:
Laß mich, o güt'ger Himmel, Athem holen!
Wen rührt sie izt?

Selbst die Kunde von ihrer geistigen Umnachtung verschaffte der Sängerin nicht die Freiheit, wohl weil der Herzog glauben mochte, sie stelle sich nur rasend. Die Kommandanten der Festung: seit 28. August 1756 Oberstlieutenant Damian Julius Marschall v. Biberstein († 25. Juni 1760 daselbst); Philipp Adam v. Stößer (geb. 1710 in Pforzheim, † 19. September 1763 auf Hohenasperg), Oberst Friedrich Christoph v. Kettenburg (geb. 1720 in Groß-Wüstenfeld) hatten Mitleid mit der Gefangenen, wie sich denn überhaupt fast alle Kommandanten, solange Hohenasperg Staatsgefäng-

---

\*) Ihre Tochter Maria Anna, später Rosalie genannt, geb. 1738 in Graz, † 1812 in Stuttgart, war seit 1757 in letzterer Stadt mit dem Buchhändler Christoph Friedrich Cotta († 1807) verheiratet.

\*\*) Eines ihrer besten Lieder war: Lasciami, o ciel pietoso. Lasciami respirar.

nis war, durch humane Behandlung der Gefangenen ausgezeichnet haben. Aus dem Stroh ihres Bettes hatte die Pyrker Halme gezogen, band sie mit ihren Haaren fest und bildete daraus Blumen. Der Kommandant ließ ihr nach einiger Zeit heimlich Faden und Draht zustecken; sie machte nun Strohblumen in großer Anzahl, welche die allgemeine Aufmerksamkeit erregten. Mitleidige Seelen verbreiteten die Blumen in große Entfernungen. Ein Strauß kam nach Wien in die Hände der Kaiserin Maria Theresia, welche sich für die Gefangene beim Herzog verwendete. Auch Kaiserin Katharina von Rußland soll sich für sie interessiert haben. Endlich im Frühling 1765 gab ihr Herzog Karl die Freiheit. Sie starb am 10. November 1782 in Eschenau bei Weinsberg.

Gleichzeitig mit der Pyrker saß 1759—1787 auf dem Hohenasperg ein Herr von Scheiblin aus Augsburg, den seine Brüder wegen eines jugendlichen Fehltrittes auf die Festung geliefert hatten, um ihn auf immer in sicherer Entfernung von sich zu halten. In seiner Haft genoß er übrigens alle Bequemlichkeiten, die er nach seinem Stande wünschen konnte, besaß ein Klavier und Schreibmaterialien, auch durfte er seine Pfeife rauchen. Schubart, mit dem er als Zimmernachbar befreundet wurde (s. u.), vermittelte seine Freilassung beim Herzog. Scheiblin ist wohl nicht der einzige Edelmann, der infolge eines lettre de cachet auf Wunsch seiner Angehörigen auf Hohenasperg interniert wurde; denn noch am 24. Dezember 1833 starb dort ein Baron Karl Ludw. Ferd. v. R., dessen besondere Kennzeichen waren: „seine beständige Besoffenheit, Vielschwätzerei, französische und deutsche Sprache ohne Zusammenhang." Die Instruktion wegen Behandlung der Festungsgefangenen auf Hohenasperg kannte „Familienarrestanten, welche auf Ansuchen ihrer Familienglieder zur Korrektion auf die Festung aufgenommen werden".

Nur kurze Zeit beherbergte der Hohenasperg 1762 einen in Ungnade gefallenen fürstlichen Günstling. Des

geheimen Einverständnisses mit Preußen beschuldigt, wurde
am 26. November 1762 der bekannte Oberst Philipp Friedrich
Rieger (geboren 1. Oktober 1722 als Sohn jenes Geist=
lichen, der den Süß=Oppenheimer in seinem Kerker be=
sucht hatte) in Arrest gebracht und am 28. November
in einem Wagen auf den Hohenasperg geführt. Indes
kam er schon am 3. Dezember auf den Hohentwiel, wo
er vier Jahre im Kerker schmachten mußte, um, wie wir
sehen werden, später Kommandant von Asperg zu werden.
Im Jahre 1764 bezog wiederum ein Opfer der Kämpfe
des Herzogs mit den Landständen den Berg. Es war
der Oberamtmann von Tübingen Joh. Ludwig Huber
(geboren 21. März 1723 in Großheppach). Er hatte sich
einer geplanten Vermögenssteuer, deren Ertrag zu Militär=
zwecken dienen sollte, widersetzt. Am 21. Juni mittags
wurde er deshalb nebst dem Bürgermeister Steeb und
zwei Mitgliedern des Tübinger Magistrats, Kaufmann
Lenz und Chirurg Rupfer, verhaftet. Unter Begleitung
von zwanzig Grenadieren vor der Kutsche und zwanzig
hinter derselben ging es dem Hohenasperg zu. Nachts um
zwölf Uhr langte man in der Festung an. Der Kom=
mandant, Oberst von Kettenburg, dem seiner neuen Ge=
fangenen Ankunft nicht angekündigt worden war, erquickte
den erst kurz vor seiner Verhaftung vom Fieber heimge=
suchten Oberamtmann mit einer Tasse Thee. Dann führte
ihn der Profoß Herigel, Platzadjutant genannt, durch einen
langen, dunklen Gang in den untersten Raum des Kom=
mandantenhauses und öffnete mit großem Gerassel eine
Blockthür an einem zwar ziemlich geräumigen, aber nur
durch ein einziges Fenster erhellten Zimmer, über dessen
Schwelle Huber sechs Monate lang nicht treten durfte.
In dem Zimmer war nicht das geringste Möbel als ein
hölzerner Stuhl. Der ermüdete Gefangene setzte sich auf
demselben an das Gitter und konnte vier Stunden schlafen.
Glücklicherweise hatte Huber ein Bleistift mit in den
Kerker gebracht. Auch fand er in einer Ecke viele Haar=

wickel von Papier, sogenannte Papilloten, die von einem frühern Bewohner des Zimmers herrührten und ihm als Schreibstoff dienten, bis er nach drei Monaten mit der Erlaubnis zum Schreiben Papier erhielt. Am nächsten Abend nach seinem Eintritt in den Kerker erhielt er auch ein Bett. Dagegen entbehrte sein Zimmer eines unentbehrlichen Nebenraums, so daß er wegen der Unreinlichkeit, die sich infolgedessen einstellte, Tag und Nacht das Fenster offen halten mußte. Verköstigen durfte er sich selbst, aß aber ganz wenig, nur leichte Gemüse, selten Fleisch, viel Obst und trank wenig Wein. Bei seinen Mahlzeiten war übrigens stets der „Platzadjutant" zugegen, der ihn mit den Geschichten seiner Mitgefangenen unterhielt. Um sein Blut in dem nötigen Lauf zu erhalten, ging er den ganzen Tag in seinem Zimmer umher, zehn Schritte vorwärts und zehn Schritte zurück. Auch las er stehend; die nötige Lektüre verdankte er einem Offizier der Garnison, dem Franzosen Dominic du Tratt de Vernancourt, der 1752 Sekondlieutenant, 1763 Hauptmann beim Feldartillerie-Regiment geworden war. Der übergab dem Oberst von Kettenburg ein Verzeichnis seiner Bücher mit der Bitte, es dem Oberamtmann zuzustellen, damit dieser sich etwas nach seinem Geschmack zum Lesen auswählen könnte. Der gutmütige Oberst überbrachte dem Gefangenen selbst das Verzeichnis, der dankbar das Anerbieten des Hauptmanns annahm und, als dieser am 29. September 1764 aus dem Leben schied, ihm aufrichtige Thränen widmete. Die liebenswürdigen Kinder des Obersten und seiner Gemahlin Eleonore v. Kaltenthal: Johanna Ernestine Charlotte (geboren 1756), Ernestine Franziska (geboren 1757) und Henriette Luise (geboren 1762), besuchten ihn fast jeden Morgen und erkundigten sich nach seinem Befinden. Dasselbe war dank seiner gesunden Diät stets ein befriedigendes. Von seiner Stimmung zeugen die Lieder, die er auf dem Asperg niederschrieb, darin der Vers:

> Gott! wenn mein Herz nur deine Güte lenkt,
> Bin ich ein freier Mann;
> Da ist kein Mißgeschick mehr, das mich kränkt,
> Kein Kerker, kein Tyrann!

In den ersten Monaten von Hubers Gefangenschaft wurden einmal nachts um 12 Uhr an sein Fenster Steine geworfen. Er sprang ans Fenster und sah beim Mondschein drei Soldaten unten stehen. Sie nannten ihm ihre Namen und sagten, sie seien geborne Tübinger und haben gehört, sein Leben sei hier nicht mehr sicher. Sie hätten zuverlässige Anstalten gemacht, ihn auch mit Gefahr ihres Lebens aus der Festung zu retten, wenn Huber sich ihnen anvertrauen und in der nächsten Nacht um dieselbe Stunde bereit sein wollte. Huber, der ihnen nicht traute, dankte mit zwei Worten für ihre Freundschaft, warf einige Sechsbätzner hinab, schloß das Fenster und legte sich ruhig nieder.

In der ersten Zeit erhielt Huber außer vom Kommandanten nur vom Pfarrer auf der Festung, Mag. Wilhelm Christian Glanz, Besuch. Seit Anfang September durften ihn auch die Offiziere der Garnison in Begleitung des Kommandanten besuchen. An einen derselben, Leutnant Kölble, der zwei Zimmer von ihm entfernt wohnte, schloß er sich besonders an. Im September erhielt er auch die Erlaubnis, an seine Frau zu schreiben und Briefe von ihr zu empfangen. Doch mußten die Briefe und Antworten dem Kommandanten gezeigt werden.

Seine endliche Freilassung dankte Huber dem kaiserlichen Gesandten am Stuttgarter Hof, Freiherrn von Wiedmann, nachdem alle Bemühungen seiner Frau und der Landschaft fruchtlos gewesen waren. Am Christtag 1764 brachte ein Feldjäger die Ordre zu seiner Loslassung. Mit sichtlicher Freude öffnete der Kommandant ihm selbst den Kerker. Bei offenen Thüren hielt der Befreite eine kleine Mittagstafel, berichtigte seine Rechnung mit vierhundert Gulden, packte sein Felleisen und nahm Abschied vom Kommandanten und dessen Kindern. In Begleitung von zehn Offizieren ging es ins Dorf Asperg, wo diese für ihn eine Kollation bestellt hatten. Der Wirt führte ihn unentgeltlich in seinem Wagen nach Stuttgart, von wo aus er dann am andern Morgen früh um 4 Uhr in Tübingen eintraf. Hochgeachtet, wenn auch seines Amtes dauernd entsetzt, übrigens von der Landschaft mit einer jährlichen Pension bedacht, starb Huber am 30. September 1800 in Stuttgart.

Außer mehreren Offizieren, die als Spieler, Duellanten und Schuldenmacher eingekerkert waren, saß mit Huber zusammen auf dem Hohenasperg „wegen einer Hofunvorsichtigkeit" ein Franzose Chevalier Franz v. Prassy. Derselbe war einige Jahre vorher der Pariser Bastille entronnen, 1763 Sekondlieutenant bei der Leibgarde zu Fuß geworden, 1764 zum Herzogs-Grenadier-Bataillon versetzt und 1764 Kammerjunker geworden.

Im Jahre 1771 kam wieder ein Gefangener auf den Hohenasperg, dessen Schicksal allgemeines Mitleid hervorrief, da er ein Opfer übereifriger Dienstersüllung wurde: Johann Ernst v. Knobelsdorff (geb. Januar 1737 zu Reetz in der Neumark), königlich preußischer Hauptmann und Werbe-Offizier, der verschiedene Leute des in Ludwigsburg garnisonierenden Garde-Regiments zur Desertion und Übertritt in preußische Dienste veranlaßt hatte und deshalb, über die württembergische Grenze gelockt, auf Befehl Herzog Karl Eugens gefangen genommen war. Der Kommandant Oberst v. Rettenburg nahm ihm bei seiner Ankunft auf Hohenasperg am 25. August 1771 sein Bargeld, 425 Gulden und 12 Kreuzer, ab, wozu später noch der Erlös von Knobelsdorffs Pferd kam; nur seine Tombak-Sackuhr durfte er behalten. Das Kriegsgericht verurteilte ihn am Anfang Oktober zum Erschießen, welche Nachricht er ruhig hinnahm. Als ihm aber der Kommandant mitteilte, daß der Herzog die Strafe zum lebenslänglichen Kerker auf der Festung Hohentwiel umgewandelt habe, überlief es ihn eiskalt und seufzte er mit zitternder Stimme: „Ach Gott, welch fürchterliche Gnade!" Noch am

Tage der Urteilsverkündigung trat der Gefangene in Begleitung eines Offiziers und einiger Mannschaft zu Fuß die Reise über Stuttgart nach dem Hohentwiel an, den er erst im Mai 1800, bereits seit Dezember 1771 geistesgestört, verlassen durfte, um in seine preußische Heimat zurückzukehren. Hart war gewiß Knobelsdorffs Strafe. Zur Entschuldigung des Herzogs muß aber gesagt werden, daß der Unfug, den die preußischen Werbe-Offiziere im vorigen Jahrhundert in Schwaben trieben, alle Grenzen überstieg. Wie manches württembergische Landeskind wurde betrunken gemacht, im Rausch zur Anwerbung verleitet und dann selbst mit Gewalt zum Eintritt in die preußische Armee gezwungen! Ein Exempel an den preußischen Werbe-Offizieren zu statuieren, war am Platze, nur hätte die Strafe milder ausfallen können.

Unter dem neuen Kommandanten (1772—82) General Philipp Friedrich v. Rieger, der früher, wie wir gehört, selbst für kurze Zeit ein unfreiwilliger Bewohner der Festung gewesen war, kam der berühmteste Gefangene auf den Hohenasperg: der Dichter Christian Friedrich Daniel Schubart (geb. 24. März 1739 in Obersontheim bei Gaildorf). Durch seine Spöttereien über den Herzog Karl Eugen und namentlich dessen Gemahlin, die Gräfin Franziska von Hohenheim, zog er sich den Haß des Fürsten zu, den die Jesuiten und der von Schubart gekränkte österreichische Resident in Ulm, General von Ried, noch schürten. Der Herzog beschloß, alle in Schubarts Chronik angegriffenen Potentaten Europas zu rächen und zugleich Schubart durch eine Radikalkur zu bessern. In der abschlägigen Antwort auf das Bittgesuch von Schubarts Bruder und Schwager um Freilassung, erklärte im Juni 1777 Herzog Karl, daß er „den Schritt um Schubarts Seelenheil willen vorgenommen" habe.

Der Klosteramtmann Philipp Friedrich Scholl († 22. Juli 1819, 83 Jahre alt) mußte am 21. Januar 1777 Schubart von Ulm nach Blaubeuren einladen, wo er dann am 22. Januar durch den Major Karl Friedrich Gottlob v. Varnbüler († 8. April 1818) verhaftet und in einem Wagen, begleitet von Husaren, auf den Hohenasperg gebracht wurde. Als der Wagen vor der Festung hielt, war der Herzog selbst zugegen und bezeichnete den für den Dichter bestimmten Kerker. Es war ein viereckiges, wie eine Turmruine gestaltetes Gemäuer, dessen Plattform, „das Belvedere," später mit einem Geländer eingefaßt, neuestens zu einem Wasserturm gemacht ward, an der Mauer auf der gegen die nahe Landstraße von Ludwigsburg nach Heilbronn gekehrten Seite der Festung. In diesem grauen, düstern „Schubartloch" befand sich nichts als ein Strohlager statt des Bettes, ein Ofen, der anfangs durch seinen Rauch fast den Gefangenen erstickte und erst später einige nach dem Wetter drehbare Röhren zur Auslassung des Rauchs erhielt, endlich ein an die Wand eingemauerter Ring, an welchen nach des Herzogs Befehl der Gefangene beim geringsten Versehen angekettet werden sollte. Für seine Beköstigung sollten täglich zwei Kreuzer verwendet werden. Übrigens erquickte ihn der Kommandant bisweilen durch Speise und Trank. Ein Übelstand war, daß gar keine frische Luft in den Kerker kam. Auf der andern Seite litt Schubart nicht durch die Kälte, da er sogar nachts einheizen durfte. Dagegen sollte er in den langen Herbst- und Winternächten nur bis 8 Uhr Licht brennen. Dreihundertundsiebzig Tage mußte er in diesem dumpfen und engen Mauerloch in völliger Einsamkeit verseufzen, er, dem Gesellschaft und Unterhaltung so sehr Bedürfnis war. Im Februar 1778 ließ ihn der Herzog in ein luftiges, trockenes Zimmer mit schöner Aussicht bringen, im März d. J. empfing er, nachdem der von ihm früher vielgeschmähte Spezial Zilling von Ludwigsburg sich beim Konsistorium verwendet, vom Garnisonsprediger Payer das Abendmahl; im Juni kamen Lavater und Philipp Matthäus Hahn zu ihm, der treffliche Pfarrer von Kornwestheim und berühmte Mechaniker, der auf des

Kommandanten Rieger Bitte anhaltend und man darf sagen günstig auf ihn einwirkte. Bald wieder in ein anderes, etwas dunkleres Zimmer gebracht, hatte er zum Nachbar den bereits oben genannten Herrn von Scheidlin: ihm konnte er durch eine Öffnung unterm Ofen, den beide Zimmer gemeinsam hatten, seine Lebensbeschreibung, das in der Folge vielgelesene Buch, diktieren. Denn er hatte keine Tinte und Feder, nicht einmal ein Bleistift; auch sein Klavier vermißte er schmerzlich. Für die Frau des Gefangenen sorgte der Herzog durch einen Jahresgehalt von 200 Gulden, Sohn und Tochter nahm er in die Akademie auf. Die Frau that, was sie konnte, die Befreiung des Mannes, der ihr das Leben so schwer gemacht hatte, zu betreiben. Einmal versprach der Herzog dem Eingekerkerten seine Entlassung ganz bestimmt; als die Frist verstrichen und Schubart immer noch Gefangener war, dichtete er im Zorn die „Fürstengruft", die, dem Herzog bekannt geworden, natürlich zur Verlängerung der Haft beitrug. Schubarts Vaterstadt Aalen verwendete sich für ihn, mit dem Magistrat kam die 76jährige Mutter des Dichters und fiel dem Herzog zu Füßen — umsonst. Beim Heidelberger Jubiläum 1786 bat die ganze Universität bei dem anwesenden Karl Eugen für Schubart — umsonst. Dieser schreibt einmal, Goethe, Lavater und eine Menge von gelehrten und fürstlichen Personen haben sich für ihn verwendet — alles umsonst. Doch wurde seine Gefangenschaft gegen Ende des Jahres 1780 erleichtert: er durfte Briefe schreiben, wenn auch unter des Kommandanten Zensur, bekam ein Klavier und zuletzt Festungsfreiheit, freie Bewegung und Unterredung innerhalb der Ringmauern. Viele kamen jetzt, um den volksbeliebten Mann zu besuchen, darunter Schiller, den vielleicht der Gedanke an den eingetürmten Dichter mitbewogen hat, sich einem ähnlichen Schicksal durch die Flucht zu entziehen. Es entstand jetzt auf der Festung eine förmliche Soldatenbühne, von Schubart geleitet und mit Singspielen, Ko=

möbien ꝛc. verſehen, zuweilen auch vom Hof und vom Herzog beſucht. Von Riegers halb Fürſorge, halb Quälerei wurde Schubart im Mai 1782 durch den plötzlichen Tod des noch nicht 60 Jahre alten Mannes erlöſt; die Nach=
folger, v. Scheler und v. Hügel, waren milde, freundlich geſinnte Edelleute. 1785 durfte Schubart ſeine geſammelten Gedichte und bald auch ſeine Liederkompoſitionen in der Buchdruckerei der Karlsſchule drucken laſſen, wovon er eine ziemliche Einnahme, die größere freilich der Herzog hatte. Im Juli desſelben Jahres wurde endlich der ſchwer=
geprüften Gattin erlaubt, mit ihren Kindern einige Tage bei dem Gefangenen zuzubringen. Aber faſt zwei Jahre noch mußten ſie auf die dauernde Wiedervereinigung harren, bis ein Gedicht dem Dichter ſeine Befreiung brachte. „Fried=
rich der Große. Ein Hymnus," im März 1786 gedichtet und bald darauf gedruckt, bewirkte überall, auch in Preußen, eine wahre Schubartbegeiſterung; Friedrichs Nachfolger, König Friedrich Wilhelm II., durch den Miniſter Hertzberg beſtimmt, fing an, auf Herzog Karl zu wirken und endlich am 11. Mai 1787 erſchien dieſer mit Franziska auf dem Aſperg und erklärte bei der Parade plötzlich: „Schubart, Er iſt frei."

Der Dichter überlebte ſeine Loslaſſung nur um 4 Jahre; am 10. Oktober 1791 ſtarb er als Hoftheaterdichter in Stutt=
gart, erſt 52 Jahre alt. Die lange Haft hatte ſeine von ihm nie geſchonte Geſundheit vollends untergraben. Sein auf dem Aſperg im Februar 1787 gedichtetes Kaplied: Auf, auf ihr Brüder und ſeid ſtark, wird noch lange überall, wo Deutſche ſind, geſungen werden. Von ſeinen zahlreichen andern Ge=
dichten aus dem Gefängnis möge nachſtehendes auf die viel=
genoſſene Ausſicht von dem Berge dieſen Abſchnitt ſchließen:

   Schön iſt's, von des Thränenberges Höhen
   Gott auf ſeiner Erde wandeln ſehen,
   Wo ſein Odem die Geſchöpfe küßt.
   Auen ſehen, drauf Natur, die treue,
   Eingekleidet in des Himmels Bläue,
   Schreitet, und wo Milch und Honig fließt.

Schön ist's, in des Thränenberges Lüften
Bäume sehn in silberweißen Düften,
Die der Käfer wonnesummend trinkt;
Und die Straße sehn im weiten Lande,
Menschenwimmelnd, wie vom Silbersande
Sie, der Milchstraß gleich am Himmel, blinkt.

Und der Neckar blau vorüberziehend,
In dem Gold der Abendsonne glühend,
Ist dem Späherblicke Himmelslust;
Und den Wein, des siechen Wandrers Leben,
Wachsen sehen an mütterlichen Reben,
Ist Entzücken für des Dichters Brust.

Aber, armer Mann, du bist gefangen;
Kannst du trunken an der Schönheit hangen?
Nichts auf dieser schönen Welt ist dein!
Alles, alles ist in tiefer Trauer
Auf der weiten Erde; denn die Mauer
Meiner Feste schließt mich Armen ein!

Doch herab von meinem Thränenberge
Seh' ich dort den Moderplatz der Särge,
Hinter einer Kirche streckt er sich,
Grüner als die andern Plätze alle:
Ach! herab von meinem hohen Walle
Seh' ich keinen schönern Platz für mich!

Zugleich mit Schubart saßen auf Hohenasperg ein Herr von Bartenstein und ein Dr. Keller, ob wegen politischer Vergehen, ist unbekannt. Mit Schubart schließt die Reihe der bekannten Staatsgefangenen des achtzehnten Jahrhunderts. Nur eine Nachricht, welche im Zweifel läßt, ob es sich um Politisches oder um Religiöses (wahrscheinlich beides) handelte, sagt uns, daß unterm 9. November 1789 mit drei andern Bürgern von Freudenstadt, welche Zuchthausstrafe erhielten, Johannes Wurster von da „wegen erregten Tumults und Teilnahme an unerlaubten Konventikeln sowohl, als wegen seines wiederholt ausgezeichneten unbotmäßigen und höchst sträflichen Betragens gegen seine Obrigkeit zu einer einjährigen Festungsstrafe, und zwar

die ersten drei Monate zur Arbeit in Springen (Hütten=
werk Königsbronn), nach Hohenasperg gnädigst gerechtest
kondemniert" und im Dezember „an den Ort seiner Be=
stimmung eingeliefert" worden sei.

## 1800.

Am 10. Januar 1800 wurden in Stuttgart, auf die
Anzeige des österreichischen Armeekommandos, daß in Würt=
temberg eine Verschwörung bestehe, deren Zweck sei, in
Schwaben die Republik auszurufen, zufolge herzoglichen
Befehls 10—12 Männer in der Nacht aufgehoben und
nach dem Asperg abgeführt. Es waren der Beisitzer des
landschaftlichen größeren Ausschusses, Stadtrat Gerst von
Balingen, der Kanzleiadvokat Bunz in Ludwigsburg,
Sekretär Hauff (der Vater des Dichters), Hauptmann
Bauer (der als geschätzter General im bayerischen General=
stab gestorben ist), ein Lieutenant Pinasse und andere
verhaftet und auf den Asperg geführt. Vergebens erhob
der landschaftliche Ausschuß Einsprache gegen die Verhaf=
tung der Landtagsdeputierten. Eine eigene Untersuchungs=
kommission stellte strenge Verhöre an; Regierungsrat Günzler
von Stuttgart mußte sich Tag für Tag deshalb auf die
Festung begeben. Man fand wohl vertrauliche Schreiben,
die von der gereizten Stimmung im Lande Kunde gaben;
eigentlich Aufrührerisches ließ sich aber nicht entdecken.

Justinus Kerner erzählt in dem anziehenden „Bilderbuch
aus meiner Knabenzeit": Einer der Gefangenen, ein feiger und
schlechter Charakter, glaubte sich seine Sache zu erleichtern, wenn
er auch vom Herzog treu geglaubte Offiziere darein verwickelte,
und so suchte er meinen Bruder (den Artillerie=Lieutenant Karl
Kerner, nachmaligen General und Minister, † 1840) zu ver=
dächtigen. So kam es, daß dieser eines Morgens auf einmal
durch seinen Vorgesetzten, den General Camerer, die Weisung
erhielt, sich mit ihm auf Befehl des Herzogs auf die Feste zu
begeben. Man glaubte aber höheren Orts so wenig an seine
Schuld, daß ihm nicht einmal der Degen abgenommen wurde.
Welch Herzeleid darüber meine Mutter empfand, ist wohl zu

erachten; auch wir Geschwister brachen in Weinen aus. Es hatte sich in Ludwigsburg unter den Familien eine allgemeine Angst verbreitet, und wer nur in etwas kein gutes Gewissen hatte, brachte die etwa verdächtig sein könnenden Papiere und Bücher auf die Seite; viele, die sich gegen die politischen Verhältnisse geäußert, erwarteten ihre Abführung auf den Asperg. Mein Bruder aber war an demselben Tage abends schon wieder von da zurück, und bei einer Audienz, die er beim Herzog begehrte und in welcher er nicht Gnade, sondern Gerechtigkeit forderte, wurde ihm alle Genugthuung. Auch unser Vetter Hauff und Bunz wurden bald vom Asperg entlassen. Dem Hauff hatte seine Frau durch eine Ludwigsburger Freundin, die Schwester des Philosophen Hegel, Briefe und anderes zukommen lassen, indem letztere in Magdkleidern öfters ein Gefäß mit doppeltem Boden, oben gekochtes Obst und anderes, was erlaubt war, auf die Festung trug. Aber die harte Haft, schreibt Hauffs Enkel, Julius Klaiber, hat doch seine Gesundheit in einer Weise erschüttert, für welche ihm die nachherige rasche Beförderung im Staatsdienst keinen Ersatz bieten konnte.

Ende Februar wurde auch der Landschaftsassessor **Christian Friedrich Baz** (geb. 1762 in Stuttgart), der in Wien das verfassungswidrige Vorgehen Herzog Friedrichs zur Sprache hatte bringen sollen, verhaftet und zu den übrigen auf den Asperg gebracht. Allein auch gegen ihn ergab die Untersuchung nichts belastendes. Als im April die Franzosen Württemberg überschwemmten, wurde Baz mit sieben andern Gefangenen auf eine bayerische Festung geflüchtet. Erst der Friede von Luneville (9. Februar 1801) gab ihnen nach 15 Monaten die Freiheit wieder.

Der Franzoseneinfall brachte zwei weitere Staatsgefangene auf den Hohenasperg und in das Dorf Asperg: den Oberstlieutenant Freiherrn Otto Friedrich Wilhelm v. Wolff (geb. 6. Mai 1744 in Ludwigsburg) und den Generalmajor Georg Bernhard Bilfinger (geb. 11. April 1723). Sie hatten am 1. Mai 1800 die Festung Hohentwiel dem französischen General Vandamme übergeben und waren am 27. Mai vom Kriegsgericht in Dinkelsbühl zum Tode verurteilt worden, weil sie gegen den höchsten Befehl, die Festung in keinem Fall zu übergeben, gehandelt hatten. Der Herzog begnadigte beide. Bilfinger wurde lebenslänglich im Dorf Asperg in der alten Gerichtsschreiberei interniert, erhielt indessen nach König Friedrichs Tod, 16. November 1816, die Erlaubnis, sich in Ludwigsburg oder Stuttgart aufzuhalten. Er wählte den letzteren Ort, wo er, fast hundertjährig, am 22. April 1825 starb. Wolff wurde ebenfalls begnadigt, aber als ein „Ehrloser" zum lebenslänglichen Gefängnis verurteilt. Zu seiner Verpflegung wurden täglich acht Kreuzer auf die Kriegskasse angewiesen. Zuerst brachte man ihn nach Rothenburg an der Tauber, später auf den Asperg. Im Anfang hatte er Festungsfreiheit. Frommen Sinnes sang er, wie ein Mitgefangener 1809 berichtet, morgens und abends ein geistliches Lied. Allein im Sommer 1812 machte er einen Fluchtversuch. Morgens 4 Uhr sahen zwei Maurer, Schmauz und Stitz, als sie die Festung verließen, um nach Monrepos an ihre Arbeit zu gehen, den Wolff auf dem Giebeldach des Wasserturms sitzen und Versuche machen, herunterzurutschen. Er hatte bereits einen Strick an einen Prügel befestigt und war eben im Begriff, an dem Stricke hinabzugleiten, was das an die Mauer hinaufreichende, ziemlich hohe Gebüsch wesentlich erleichtert hätte. War er erst einmal in dem Graben, so konnte er leicht über die äußere Mauer, die stellenweise nur fünf Fuß hoch war, ins Freie gelangen. Allein die Kräfte verließen den alten, 68 jährigen Mann im entscheidenden Augenblick. Er fing, noch auf dem Dache sitzend, jämmerlich zu schreien und um Hilfe zu rufen an. Die Maurer eilten wieder hinein und zogen ihn aus der gefährlichen Lage, wofür jeder einen Kronenthaler erhielt. Fortan wurde Wolff in enge Haft gebracht. Als König Friedrich einmal — nach Justinus Kerners „Bilderbuch" wäre es schon in der Herzogszeit gewesen — auf der Festung Truppenschau abhielt, klammerte sich der Gefangene an das Eisengitter seines Kerkers, und schrie, so laut er konnte, um Gnade. Von da an durfte auf Befehl des Königs bei strenger Strafe sich kein Gefangener mehr am Fenster zeigen, wenn der Monarch auf die Festung kam. Auch war es bei schwerer Ahndung verboten, ein Gnadengesuch Wolffs an den König zu befördern. Übrigens hatte schon vor dem Fluchtversuch keine noch so herzbrechende Bitte der Tochter vermocht, sein hartes Los zu erleichtern. Es ist Wolff nie gelungen, den schwer beleidigten Fürsten zu versöhnen. Erst König Wilhelm I. erteilte gleich nach seines Vaters Tod (30. Oktober 1816) den Befehl zur Freilassung Wolffs, welche sofort am 1. November erfolgte. Die Gefangenschaft hatte ihn aber so schwach und hinfällig gemacht, daß er im Haus seiner Tochter, Frau Sophie Pichon, in Karlsruhe schon nach wenig mehr als zwei Jahren, am 12. Januar 1819, gestorben ist.

## 1804—1806.

Im Jahre 1804 führten wieder die Kämpfe Kurfürst Friedrichs mit der Landschaft zwei Ehrenmänner als Staatsgefangene auf den Hohenasperg. Der eine derselben war der Landschaftssekretär Friedrich Amandus Stockmayer (geb. 1731 in Stuttgart, † 1813), dessen Gattin Anna Barbara, geb. Balots, seit 22. Oktober auf dem Stuttgarter Rathaus gefangen gehalten wurde, wo auch Stockmayer seit 22. September gesessen hatte. Er hatte sich geweigert, die von der Landschaft bisher verwalteten Landesgelder herauszugeben; seine Frau hatte die Rechnungen beiseite geschafft. Beide saßen bis zum 22. November. Schon vorher, am 24. August, war Dr. Karl Heinrich Gros, Landschaftskonsulent (geb. 1765 in Sindelfingen, † als Geheimrat 1840 in Stuttgart), verhaftet worden als Verfasser und Verbreiter eines Schreibens des Erbprinzen Friedrich Wilhelm, des spätern Königs Wilhelm I., vom 21./22. Juli an den Geheimen Rat, worin er seine völlige Übereinstimmung mit den Ständen erklärte

Gros erhielt erst nach Wochen seine Freiheit wieder und ging als Professor nach Erlangen.

Infolge der fortgesetzten Reibereien mit den Ständen wurde Kurfürst Friedrich immer mißtrauischer und schenkte 1804 den Verleumbungen eines gewissen Wetzlar-Blankenstein Glauben, welcher von Frankfurt am Main aus dem Fürsten schrieb, er wolle über hochwichtige Geheimnisse, deren Mitwisser er sei, ein Geständnis ablegen und sich selbst als Gefangenen stellen. Unmittelbar nach Absendung des Briefes begab er sich nach Stuttgart, ließ sich verhaften und erklärte, daß eine Verschwörung bestehe, zum Zweck, den Kurfürsten und seinen Minister zu ermorden und in Württemberg eine Revolution hervorzurufen; diese solle dann mit französischer Hilfe oder auch ohne solche über ganz Süddeutschland ausgebreitet werden. Als Teilnehmer wurden von dem Abenteurer bezeichnet: der Landschaftsassessor Baz, der Regierungsassessor Freiherr Leo v. Seckendorff-Aberdar (geb. 1775 in Ansbach, † 6. Mai 1809 in Ebelsberg an der Traun; ein hoffnungsvoller Dichter, der zu Uhland, Justinus Kerner 2c. Beziehungen hatte); der landgräflich hessische Regierungsrat Freiherr Isaak v. Sinclair (geb. 1775, † 1815), der Freund des Dichters Hölderlin; Jung in Mainz und Kruthofer in Worms. Daraufhin ward Seckendorff verhaftet und auf der Solitude, später auf dem Hohenasperg eingesperrt, Baz, der sich in Wien befand, 7. März 1805 dort verhaftet, von den österreichischen Behörden ausgeliefert und 17. März auf der Solitude eingesetzt. Erst am 9. Juli erfolgte seine Freilassung, da sich herausgestellt hatte, daß die ganze Anklage ein Akt der Nachsucht und Bosheit war. Erwiesen wurde nur, daß Sinclair in Gegenwart des Denunzianten bei einem Abendessen sich in freimütiger, tadelnder Weise über den Kurfürsten und dessen Regierung ausgesprochen hatte. Alle Angeklagten, welche übrigens insgesamt bei der Untersuchung ihre Unschuld beteuerten, wurden infolge energischen Einschreitens von hessischer Seite im Laufe des Jahres 1805 freigelassen, Seckendorff beim Herannahen des Vortrabs der österreichischen Armee, welchen sein Oheim anführte. Der Ankläger endete später an einem österreichischen Galgen.

Im folgenden Jahre 1806 rettete König Friedrich einem württembergischen Landeskind das Leben, indem er es auf den Asperg setzte. Am 26. August wurde der von Schorndorf gebürtige Buchhändler Johann Philipp Palm zu Braunau erschossen wegen Herausgabe der franzosenfeindlichen Flugschrift „Deutschland in seiner tiefsten Erniedrigung". Der Kaufmann Gottlieb Linck in Heilbronn (geborener Calwer, später 1824 bis 1829 Landtagsabgeordneter für Heilbronn, wo er 1844 starb) hatte seinem Geschäftsfreund Peter Heinrich Merckle, Gastgeber zum goldenen Löwen in Neckarsulm († 1821) ein Exemplar der Schrift überlassen. Merckle gab eine Abschrift weiter an den Handelsmann Schoberer in Donauwörth, welcher öfters Wein von jenem bezog. Bald fiel diese Abschrift in die Hände der Franzosen. Schoberer wurde verhaftet, die Beschlagnahme seiner Papiere ergab, daß er die Schrift von Merckle erhalten hatte. Dieser wurde am 17. August 1806 auf Befehl des in Öttingen im Ries kantonierenden Marschalls Davoût, durch den in Neckarsulm weilenden Hauptmann der Voltigeurkompagnie des 25. Linienregiments festgenommen, ebenso Franz Müller von Neckarsulm, welcher in Merckles Auftrag die Abschrift der Flugschrift für Schoberer besorgt hatte. Ein französischer Gendarm kam mit Gefolge nach Heilbronn und schleppte Linck nach Neckarsulm. Die drei Verhafteten wurden nach Braunau am Inn geführt, Müller dort alsbald entlassen, die zwei andern in den Kasematten verwahrt und als Verbreiter der verbotenen Flugschrift inquiriert. Ein französisches Kriegsgericht verurteilte am 25. August Merckle zum Tode, während Linck entlassen wurde, weil anzunehmen sei, daß er die ihm anonym zugekommene Flugschrift nur vertraulich habe mitteilen wollen. Der Hof- und Regierungsrat, Stadt- und

Landamtmann Kleiner berichtete von Anfang an aufs genaueste an den König, welcher zweimal die Auslieferung Merckles als seines Unterthanen verlangte. Napoleon befahl am 9. September, mit dem Vollzug des gegen Merckle gefällten Todesurteils einzuhalten und ihn seinem Landesfürsten zur Bestrafung auszuliefern. Am 10. September kam Merckle, von zwei Gendarmen begleitet, nach Württemberg, überall unterwegs, „wie Ritter, die aus Palästina kommen," verehrt. Der französische Gesandte Siméon übergab ihn Ende September der württembergischen Regierung. Nach vierwöchentlicher Haft auf dem Hohenasperg konnte er 29. Oktober wieder zu seiner Familie zurückkehren.

## Separatisten.

Im Jahre 1808 kamen Opfer religiöser Irrlehren auf den Asperg. Seit dem Anfang des Jahrhunderts hatten in den Kreisen der frommen Gemeinschaften Altwürttembergs die Hoffnungen auf das tausendjährige Reich sich erhöht und ließen manche da und dort sich zu bedenklicher Überspannung ihrer sittlichen, religiösen und politischen Vorstellungen hinreißen. Bekannt ist das Gebaren des Webers Georg Rapp von Iptingen und seiner Anhänger, die 1803 f. sich der fortwährenden Maßregelung durch Auswandern nach Amerika entzogen. Die Zurückgebliebenen fühlten sich durch die Vollziehung alter und neuer Verordnungen der Staats- und Kirchenbehörden zu schwärmerischen Ausartungen geneigt, welche in unmittelbaren Widerspruch mit dem Sittengesetz und der Staatsordnung traten. Bewohner von Rottenacker, O.A. Ehingen, weigerten sich, ihre Kinder in die Schule zu schicken, ihre Söhne zur militärischen „Auswahl" zu stellen, waren unbotmäßig gegen die Beamten und den Pfarrer, erwiderten Haft- oder Ausweisungsbefehle mit Schimpf und Spott. Im Jahre 1805 erschien militärische Exekution zur Unterdrückung der Konventikel und Erzwingung des Schulbesuchs, aber ohne dauernden Erfolg. Endlich wurden, abgesehen von kürzeren Festungsstrafen, wegen Unverschämtheit gegen die Obrigkeit und Widersetzlichkeit die Hartnäckigsten so lang auf den Asperg und in das Zuchthaus zu Ludwigs= burg gesprochen, bis sie nachgeben würden oder der Zwang gegenstandslos geworden war. Dort saßen einzelne sechs bis neun Jahre und ihre Kinder wurden inzwischen im Stuttgarter Waisenhaus erzogen; so Matthias Schacher († 1874 als Präzeptor in Stuttgart) und sein Bruder Michael († 1870 als Reallehrer in Ludwigsburg), Maler Braungart († 1849 in Eßlingen). Die Sträflinge scheinen wegen ihrer sonstigen guten Aufführung wie politische Verbrecher gewisse Vergünstigungen genossen zu haben; einer starb z. B. auf der Solitude, wo er als Auf= seher soll verwendet gewesen sein.

Da und dort versammelten sich die Rapp anhangenden Separatisten nachts zu großen Haufen in den Wäldern.

Auf dem Schafhof bei Göppingen waren im Jahr 1808 ihrer 500 aus den Gegenden von Heidenheim, Urach, Marbach, Güglingen, Maulbronn, Vaihingen, Herrenberg, Nagold beisammen. Sie trugen äußere Erkennungszeichen: die Männer zu langen Röcken spitzige weiße Hüte, daran einen großen Stern von Pappe mit Seide überzogen, rot mit bunten Spitzen, die Weiber Hauben, unter welchen das Haar ganz verborgen ward, jene Kokarden vorn an der Brust. Als Verlobte des Herrn ließen manche kein Schermesser über ihren Bart kommen. Sie nannten sich unter einander bloß bei ihrem Vornamen, wie Brüder einer Familie. Sie enthielten sich der ehelichen Gemeinschaft, wollten kein Fleisch noch Gekochtes essen. Sie schalten nicht bloß den Geistlichen einen Pfaffen und die Kirche Babel, sondern erklärten auch, es gebe außer Gott, dem man diene, keine gültige Obrigkeit auf Erden; die Kurfürsten seien das siebenköpfige Tier der Apokalypse, das seine Macht und Kraft von dem Drachen, d. h. dem Teufel erhalten habe; es komme in kurzem die Zeit der Rache und Hilfe, Bonaparte sei der Gesandte und Sohn Gottes, der den göttlichen Auftrag habe, alle Menschen zu Freien (Separatisten) umzu= schaffen. Daher war ihr Gruß unter einander: Gelobt sei Gott und sein Sohn Bonaparte!

Da viele nach Schultheiß und Oberamtmann nicht mehr fragten, Abgaben und Steuern verweigerten, schickte die Regierung Soldaten, um die Männer auf den Asperg, die Weiber ins Zuchthaus zu führen und die Kinder zum Schulbesuch zu zwingen. Man faßte sie ab zu Nordheim, O.A. Heilbronn, wo ein reicher Müller, zu Horrheim, OA. Vaihingen, wo der Bauer Hieber mit seinem Bruder an der Spitze standen. Es waren größtenteils wohlhabende und bis auf ihre irrigen Religionsansichten verständige, rechtliche Leute.

Die Instruktion wegen der Behandlung der Festungs= gefangenen auf Hohenasperg vom 31. Oktober 1809 gedenkt ausdrücklich der Separatisten, „welche von ihren Irrtümern sich so weit hinreißen lassen, daß sie sich nach den bürgerlichen Ein= richtungen und Gesetzen des Landes nicht mehr richten wollen." Weiter heißt es: „sie werden durch Kommandos zu den königs= lichen Arbeiten nach Stuttgart, Ludwigsburg und Monrepos gesendet." Sie zählten also zu den Arbeitssträflingen. Diese „werden im Galliotenhaus oder Arsenalgebäude parterre, zum Teil auch im Spitalbau im Saufang eingeschlossen. Alle Arbeits= sträflinge, welche ein Jahr und darüber zu erstehen hatten, mußten die Galliotenkleidung tragen, während den übrigen das Tragen ihrer eigenen Kleider erlaubt war." Die Separatisten weigerten sich der Galliotenarbeit nicht. Sobald man sie aber von ihrem religiösen Starrsinn mit Gewalt abbringen wollte, achteten sie weder Kommandanten, noch Offiziere, keine Schläge, keine noch so barbarische Behandlung, obwohl ihnen jede Stunde die Freiheit offen stand, wenn sie den Revers unterschrieben, daß sie zur Ordnung zurückkehren wollten. Knoten= und Dornenstöcke, mit denen die Befehlshaber sie anfangs traktierten, wurden an ihnen zu Schanden, so daß die Offiziere oft selbst lachten, wenn sie nichts damit gewannen, als Schmähworte, die ihnen ein unüberwindlicher Trotz entgegensetzte. Rühmlich war dagegen die erprobte Treue und Ehrlichkeit der Leute. Man schickte sie zum Einkauf von Lebensmitteln oder mit andern Aufträgen über Feld und überzeugte sich, daß keiner je um einen Kreuzer betrog oder gar sich aus dem Staub machte.

Anfangs zwang man sie, in die Kirche zu gehen, was man aber bald unterlassen mußte. Denn sie beschimpften den Pfarrer unter der Predigt und führten laut zum allgemeinen Ärgernis solche Reden, daß man sie plötzlich hinausschaffte und der Pfarrer sich ihre Besuche fürs Künftige verbat. Ein Separatist, welchen der Theologe Hase (s. unten) 1825 als einen alten Mann mit langem, weißem Bart auf Hohenasperg kennen lernte, erzählte diesem, wie er anfangs gezwungen werden sollte, dem, wie er meinte, antichristlichen Gottesdienst beizuwohnen. In die Kirche habe man ihn getragen, das habe er dulden müssen; als aber der Pfarrer auf der Kanzel zu predigen angehoben, da habe er gerufen: „Schweig, du stummer Hund!" Auf Spottreden erteilten die gefangenen Separatisten oft beißende Antworten ohne Ansehen der Person. Man erteilte ihnen Narrenfreiheit und hoffte, daß die Zeit sie zur Besinnung bringen werde. Der Müller von Nordheim machte den Anfang in der Rückkehr zur Ordnung. Nach und nach schmolzen sie bis auf vier der hartnäckigsten zusammen. Bei diesen brachte selbst der Anblick ihrer Weiber und Kinder nicht die geringste Rührung hervor, weil sie glaubten, daß sie um Christi willen Haus und Gut, Weib und Kind verlassen hätten.

Sie wurden in ihrem Irrglauben bestärkt, als 1809 Napoleon in Begleitung des Königs den Asperg besichtigte; denn sie schmeichelten sich, es werde nach ihnen gefragt werden. Wirklich machte der König den Kaiser auf diese Sonderlinge aufmerksam. Allein Napoleon, „der wiederauferstandene Messias" der Separatisten, meinte trocken: „Lassen Sie die Kerls aufhängen!" Selbst Napoleons Unfälle beugten den Glauben der vier Separatisten an ihn nicht. Als er im März 1815 von Elba wiederkam, frohlockten sie. Doch die Schlacht bei Waterloo oder, wie sie sie nannten, bei Harmagedbon (Offenb. 16, 16), wo ihr König nicht auf dem weißen, sondern auf dem fahlen Roß erschien, zertrümmerte auch ihr nahe geglaubtes Reich auf immer.

Aber der Separatismus hatte zu tiefe Wurzeln im Lande, um zu erlöschen. Im Jahr 1812 waren nicht wenige wegen der Aushebung in Händel mit der Regierung geraten. Um die von Napoleon geforderte Truppenmacht zum Feldzug gegen Rußland zusammenzubringen, wurde mit schonungsloser Härte vorgegangen. Nun weigerten sich die jungen, militärpflichtigen Separatisten aus religiösen Bedenken, den Fahneneid zu leisten. Gewalt half nichts.

Es erging daher eine königliche Verordnung: man sollte zuerst die Prügelstrafe und Einsperrung, jedoch ohne Grausamkeit und Mißhandlung, versuchen, bei fortgesetzter Widerspenstigkeit seien sie unter die Sträflinge abzugeben und sollten ihre Dienstzeit unter diesen zurücklegen. Leider wurden gegen den ausdrücklichen Befehl des Königs die armen Bursche aufs grausamste mißhandelt. Einen wollte man im Sommer 1812 nach dem Prügeln durch wirkliches Foltern zum Fahneneid zwingen, er wurde auf Befehl des Kommandanten des Landwehrregiments Nr. 1 Ulm, Obrist Freiherr v. K., von den Ärzten auf den bloßen Schenkel gebrannt. Ein anderer junger Separatist wurde Februar 1813 im strengsten Winter, nachdem man die Prügelstrafe vergebens angewandt hatte, in das ungeheizte Schubartloch geworfen, wo man 24 Stunden nicht nach ihm sah. Als man ihn wieder zum Prügeln abholen wollte, waren ihm Hände und Füße erfroren, und der Unglückliche starb am siebenten Tag. König Friedrich war mit Recht über diese rohe Grausamkeit empört. Es half dem Kommandanten nichts, daß er sich entschuldigte: „er habe es gut gemeint." Am 12. März 1814 bestätigte der König, daß er und der Stabshauptmann v. B., der die Visitation gehabt hatte, wegen grausamer Vollziehung des gegen einen Tambour wegen der von ihm verweigerten Eidesleistung ausgesprochenen Urteils, kassiert und v. K. zu einjährigem, B. zu zweijährigem Festungsarrest verurteilt wurden.

Erst als König Friedrich am 30. Oktober 1816 starb, öffneten sich für die gefangenen Separatisten durch die milde Hand König Wilhelms I. die Festungsthore. Nicht alle machten davon Gebrauch, so nicht jener von Hase noch 1825 angetroffene Alte, der niemand mehr in der Welt draußen hatte. Er lebte still und ruhig als Volontär des Zuchthauses auf der Festung weiter. Meist sprach er in Bibelsprüchen.

## K. v. François.

Im Jahre 1808 gelang es zum erstenmale einem Gefangenen, aus der Festung zu entkommen. Es ist Karl v. François, geb. 27. Mai 1785 auf Haus Niemegk in Sachsen, der, wie so viele preußische Offiziere, infolge der nach der Schlacht bei Jena erfolgten Reduzierung der preußischen Armee dienstlos geworden und in württembergische Dienste getreten war, und zwar am 3. Juni 1808 als Oberlieutenant bei der Jägergarde zu Pferde, die damals zu Eßlingen im Quartier lag. Nur ungern sah das württembergische Offizierkorps das Eindringen dieser vielen Fremden, welche die Aussichten der bisher der Armee angehörigen Offiziere auf Beförderung verringerten. Keine freundliche Aufnahme wurde den Preußen zu teil. So hatte auch François schon kurz nach seinem Eintritt ein Duell mit dem Oberlieutenant v. Breuning, der ihn einen Glücksritter genannt hatte. Es sollte noch schlimmer kommen.

Am 28. Juli 1808 fand in Eßlingen ein Ball statt, welchen höhere Beamte, Bürger und Offiziere besuchten. Unter letzteren war François. Gegen Mitternacht forderte derselbe eine Dame zum Walzer auf. Er trat mit ihr an und tanzte vor. Ein zweites Paar folgte. Allein der Herr des dritten Paares, ein junger Zivilist, forderte einen andern Tanz. François hatte als Vortänzer die Musik zu bestimmen. Es kam daher im Ballsaale zu einem Wortwechsel zwischen dem von Wein und Ärger erhitzten François und dem Zivilisten. Andere mischten sich ein. Über eine, wie er glaubte, ungezogene Antwort des Zivilisten aufgebracht, eilte François hinaus, um seinen Säbel zu holen, mit dem er sich Respekt zu verschaffen glaubte. Als er in den Saal zurückkam, stand neben seinem Gegner der Rittmeister v. Wagner und suchte François in Güte zur Ruhe zu weisen. Doch ein Wort gab das andere. Endlich forderte François den Rittmeister und eilte die Treppe hinunter. Der Rittmeister folgte ihm mit mehreren Offizieren und erinnerte François daran, daß er die Inspektion habe, also im Dienst sei, d. h. er lehnte die Forderung ab, weil wegen im Dienst gethaner Äußerungen kein Offizier von dem andern gefordert werden kann. François entgegnete: „Es ist gut, daß Sie mich daran erinnern, denn Ihr Zögern könnte mich allerdings vergessen machen, daß ich mit einem Mann von Ehre spreche." Hierauf befahl der Rittmeister seinem Adjutanten, Lieutenant v. G., François den Säbel abzunehmen. Dieser warf nun aber dem Rittmeister Mangel an Mut vor. Wütend stürzte der Rittmeister auf ihn zu. Da zog François den Säbel. Der Rittmeister wich zurück und befahl, die Wache zu holen. Jetzt erklärte sich endlich François bereit, freiwillig als Arrestant nach Hause zu gehen, und steckte seinen Säbel ein. Als ihm jedoch der Rittmeister diesen entreißen wollte, zückte er ihn aufs neue und verließ ungehindert mit dem Säbel den Saal.

Der Regimentskommandeur, Oberst v. Breuning, wollte François mit Arrest bestrafen. Dieser bestand aber auf gänzlicher Straflosigkeit oder gerichtlicher Untersuchung. Vergeblich sandte der Oberst den Rittmeister v. N. an ihn ab, um ihn umzustimmen. So begann denn die gerichtliche Untersuchung, und François bezog die Hauptwache. Leider fand er keine milden Richter. Man sah in seinem Benehmen eine Insubordination. Am 31. Juli wurde er morgens nach Ludwigsburg geführt, wo über ihn Kriegsgericht gehalten werden sollte. Am 1. August erkannte dasselbe unter dem Vorsitz des Obersten Freiherrn v. Röder, daß François zur wohlverdienten Strafe und andern zum abschreckenden Beispiel arquebusiert werden sollte. Der König bestätigte dieses Urteil mit den Worten: Nachdem der Oberlieutenant v. François den höchsten Grad von Subordinationsverbrechen begangen und gegen den im Dienst befindlichen Rittmeister v. Wagner den Säbel gezogen hat, wird er hiermit verurteilt, am 3. August, morgens 6 Uhr, erschossen zu werden. (gez.) Friedrich.

Dieses Urteil wurde am selben Tag, nachmittags 4 Uhr, öffentlich vor der Hauptwache in Eßlingen publiziert. Dem Verurteilten ward es erst am 2. August, morgens, auf dem Paradeplatz in Ludwigsburg mitgeteilt und er dann in sein Gefängnis nach Eßlingen zurückgebracht; er mußte im voraus 5 Gulden 30 Kreuzer für seinen Sarg und 2 Gulden für seine Begräbniskosten zahlen. Das harte Urteil rief im ganzen Land Mitleid mit dem jungen Mann hervor. Kronprinz Wilhelm that edlen Sinnes vor seinem Vater einen Fußfall und erwirkte eine

Begnadigung des Verurteilten: es wurde am 3. August François, der „wegen subordinationswidrigem Betragen zum Arquebusieren verurteilt worden, nach ausgestandener Todesangst das Leben aus Gnade geschenkt mit dem Befehl, daß er vor der Front des Regiments kassiert, zu allen künftigen militärischen Diensten für untauglich erklärt, auf sechs Jahre auf die Festung Hohenasperg gesetzt und nach dieser Zeit an die Grenze des Königreichs gebracht werden" sollte.

Dies wurde am 3. August auf einer Wiese vor den Thoren Eßlingens vollzogen. Gefaßt ging François dem, wie er glaubte, sichern Tode entgegen. Als ihm aber im letzten Augenblick die Begnadigung mitgeteilt wurde, stieß er die Worte aus: „Verflucht, verflucht sei die Gnade des Königs!" Oberst v. Brenning suchte ihn zu beruhigen, da faßte er aber dessen Pferd am Zügel und rief: „Steh und höre, wenn du noch einen Funken Ehre im Leibe hast! Ich verfluche den König und seine Gnade. Er ist ein Ungeheuer, der seine Freude daran findet, Menschen zu Tode zu peinigen. Geh und melde es ihm!"

Diese Szene besang ein Volkslied:

> Zur Richtstatt geht er hin mit frohem Mut,
> Als wie der Krieger, der den Tod nicht scheut.
> Dadurch beweiset er sein edel Blut,
> Er stehet höher, als der hier gebeut.
> Erhöhet durch dies eble Betragen
> Wird der Wunsch, die Sehnsucht nach Pardon;
> Nicht mehr Mitleid, nicht mehr Weheklagen —
> Volksbewunderung trug den Sieg davon.

François wurde in sein Gefängnis zurückgebracht und am 5. August ihm das umgeänderte Urteil mitgeteilt, welches auf Kassation lautete mit dem Anhang, daß François wegen Majestätsbeleidigung lebenslänglich als Staatsgefangener eingekerkert werden sollte. Besinnungslos stürzte dieser zu Boden. Als er wieder zu sich kam, saß er in einem Wagen auf dem Weg nach Hohenasperg.

Dort angekommen trat François in die Wohnung des Kommandanten General Franz Jakob v. Berndes (geb. zu Winterberg im Kurkölnischen, † 1811 auf Hohenasperg), den sein Anblick rührte und der ihm das beste vorhandene Gefängnis anzuweisen befahl. Für seine Verpflegung waren aber täglich nur 12 Kreuzer angesetzt, was bloß für die allerkärglichste Nahrung reichte, so daß er manchen Abend hungrig zu Bette ging. François wurde in ein großes, gesundes Zimmer mit starken, eisernen Fenstergittern und doppelten Thüren geführt, das ein Stockwerk tiefer als die Kommandantenwohnung, also im zweiten Stock, lag, zwischen zwei andern Gefängnissen, und einen großen Kachelofen, einen blechernen Leuchter, einen Tisch, einen Stuhl und eine Bettstelle mit Strohsack und Decke enthielt. Der Kommandant besuchte den Gefangenen alsbald, sprach zu ihm mild und herzlich. Er versicherte, daß er im Augenblick kein besseres Zimmer ihm anweisen könne und bat ihn, von der Zeit eine Milderung seines Loses zu erwarten. Allein François antwortete ihm nicht, wie er denn drei Wochen lang kein Wort sprach. Trotzdem besuchten ihn der Festungskommandant und der Festungsgeistliche, Mag. Ernst Ludwig Friedrich Kerner, welch letzterer einen Lichtstrahl in des Gefangenen Seele zu bringen suchte. Allein François blieb stumm, so daß man fürchtete, er sei irrsinnig geworden. Als eines Tags ein alter Unteroffizier, der den Kommandanten begleitete, den Gefangenen gutmütig tröstend am Arm zu fassen wagte, stürzte sich dieser auf ihn und warf ihn zu Boden. Fortan ließ man ihn als einen Wahnsinnigen in Ruhe.

Sechs Wochen waren verstrichen — es war der 16. September —, da gelang es einem Fräulein Wilhelmine v. Pf. (wohl die 1820 in Eßlingen als vormalige Hofdame gestorbene Freifräulein v. Pfuhl oder Phull), welche die Familie des Kommandanten besuchte, aus ihrem Fenster einen in Papier gewickelten Stein in das Fenster seiner Zelle zu werfen. Auf dem Zettel stand: „Ein Mann von Ihrer Standhaftigkeit, der dem Tode ins Antlitz trotzte, kann der den Mut verlieren, weil vier elende Mauern ihn festhalten? Das Grab giebt seine Toten nicht wieder, aber die Riegel manch eines Gefängnisses sind schon gebrochen worden. Mit Mut und Ausdauer überwindet der Mann die schwersten Geschicke."

Dieses Schreiben erweckte im Geiste des Gefangenen die Gedanken an Flucht. Aber wie schwer war eine solche! Vor den Thüren seiner Zelle stand eine Schildwache, um seine Bewegungen zu beobachten; zwei andere patrouillierten unter den Fenstern. Die Aussicht ging auf einen freien Platz, auf welchem sich die Hauptwache befand.

Dennoch grübelte François in seiner einsamen Zelle, deren Wände mit Schmerzensrufen früherer Insassen in Prosa und Versen bekritzelt waren, über Fluchtpläne. Zu statten kam ihm, daß ein ihm von Eßlingen her befreundeter Geistlicher, der Dekan Friedrich August Herwig, der ihn eines Tags mit dem Kommandanten besuchte, ihm heimlich einen in Papier gewickelten Laubthaler zustecken konnte. So war er nicht ganz mittellos, da ihm sein übriges Geld, seine Uhr, seine Ringe, ja selbst die nicht durchaus nötigen Kleidungsstücke abgenommen worden waren.

Eifrig arbeitete er nun an den Vorkehrungen zur Flucht. Da man ihm wegen seines Trübsinnes beim Essen Messer und Gabel genommen hatte, stellte er sich zunächst ruhiger und erhielt beides wieder. Sein Handwerkszeug bestand aus diesen beiden, einem Stuhlbein und ein Paar Stiefelhaken. Mit dem Messer suchte er die Nägel der Dielen zu lockern, die Stiefelhaken dienten als Zange beim Herausziehen derselben. Nach vierzehn Tagen war die erste Diele gehoben. Da teilte ihm eines Morgens der Kommandant mit, er müsse ein kleineres Zimmer beziehen, weil der Winter nahe sei und seine jetzige Stube zu viel Heizung erfordere. Mißvergnügt schlug er die Diele wieder ein und bezog nach einigen Tagen sein neues Zimmer. Mancher wäre durch diesen Mißerfolg entmutigt worden. François aber fing ohne Zeitverlust in der neuen Zelle seine Arbeit an. Nach vierzehn Tagen waren zwei Dielen unter seinem Bett gehoben. Dann durchbrach er ein ge=

wölbtes Mauerstück zwar langsam, aber mit ziemlichem Erfolg. Wo sollte er mit dem Schutt hin? Als er einen Mauerstein zum Fenster hinauswarf, rief eine Schildwache: „was war das?" eine andere: „Unteroffizier heraus!" dieser erschien mit der Laterne. Der durch den Lärm aufgeweckte Kommandant ließ vergeblich einige Gefängnisse durchsuchen. Den Plan, die Mauersteine zum Fenster hinauszuwerfen, gab François natürlich auf. Er bat den Kommandanten um seinen Koffer, damit er seine Kleidungsstücke aufbewahren könne. Als er ihn erhielt, packte er den Schutt hinein. Nach sechs Wochen hatte er das Mauerwerk durchbrochen. Da von unten kalte Luft heraufbrang, merkte er, daß die unteren Räume unbewohnt waren. Ein Dankgebet des Gefangenen stieg gen Himmel. Nun stieß er, als er mit dem Stuhlbein sein unterirdisches Thor sondierte, auf eine dichte Lage starker Balken, die er jetzt spanweise zu zerschneiden hatte. Den Kopf in der Tiefe, den Körper und den Leib durch ein enges Loch gepreßt, mußte er den Leib mit der einen Hand stützen, während er mit der andern arbeitete. Länger als zwei Minuten hielt er es in dieser Lage nicht aus, weil ihm das Blut in den Kopf gestiegen und die Hand, auf welcher der Körper ruhte, erlahmt war. Er mußte innehalten, um neue Kräfte zu sammeln. Dazu erschwerte die unburchbringliche Finsternis, die in dem Loch herrschte, seine Arbeit sehr. Überrascht konnte er nicht leicht werden, weil das Öffnen seiner Doppelthüren, welche mit vielen Schlössern und Riegeln versehen waren, so viel Zeit in Anspruch nahm, auch so viel Lärm verursachte, daß er bequem das Loch mit den Dielen bedecken und seine Bettstelle darüber schieben konnte. Am 16. Oktober war endlich die mühselige Arbeit vollendet.

Noch wußte François nicht, wohin sein unterirdischer Ausgang führte. Mit einem kleinen Spiegel, den er zum Fenster hinaushielt, entdeckte er, daß die unteren Fenster nur mit hölzernen Gittern versehen und letztere mit einiger Kraft zu durchbrechen waren. Als Verkleidung für die

Maske eines Schornsteinfegers dienten ein Hemb, ein Paar Unterhosen, mit benen er die Farbe seines neugeschwärzten Ofens abwusch, ein schwarzes Tuch um den Kopf, das Schirmleder des Koffers als Leibgurt und ein alter, blechener, zur Kelle geformter Leuchter. Zur Flucht brauchte er Geld. Außer dem Laubthaler besaß er nichts. Da schwindelte er dem Kommandanten vor, am 18. Oktober sei sein Geburtstag, und bat ihn um etwas Geld zum Kauf einer guten Flasche Wein, sowie um Auslieferung einiger Ringe, die teure Andenken seien und an deren Anblick er sich einmal erfreuen möchte. Der gutmütige Bernbes ließ sich täuschen, sandte ihm die Ringe, 20 Kreuzer, eine Flasche Wein aus seinem eigenen Keller, etwas Biskuit und einen herzlichen Glückwunsch.

In der Nacht vom 24. auf den 25. Oktober legte François, nachdem ihm um 6 Uhr der Unteroffizier frisches Wasser zum Nachttrunk gebracht hatte, den Maskenanzug an, stieß eine Ofenkachel ein und färbte sich Hände und Gesicht mit Ruß. Dann öffnete er sein unterirdisches Loch, befestigte eine aus Hemden, Bett- und Handtüchern geknüpfte Leine an die Bettstelle, steckte ein Messer zu sich, um im unglücklichsten Fall sein Ende selbst herbeizuführen und ließ sich herab. Das Erdgeschoß war tiefer, als er gedacht hatte. Sein acht Ellen langes Seil reichte kaum bis zur Hälfte. Dennoch ließ er los und fiel glücklich. Er war in einem Stall, in welchem die Pferde von zwei Bauern standen, welche Wein auf die Festung geführt hatten. Deshalb war die Thür unverschlossen. So konnte François aus dem Stall hinaus. „Wer da?" donnerte ihm der erste Posten entgegen. „Essenkehrer, ich will zur Festung naus," antwortete er im schwäbischen Dialekt. „Nun, so mach er, daß er fortkommt. Der Unteroffizier läßt eben welche hinaus!" Rasch eilte François an dem Posten vorüber der Pforte zu, wo der Unteroffizier und drei Mann beschäftigt waren, Arbeiter hinauszulassen. Vor dem obern Festungsthore standen einige Soldaten, welche als Ablösung oder eingezogenes Pikett hineinwollten. Jeder wurde aufs strengste examiniert. Die Reihe kam auch an François. „Wer bist du?" fragte der Unteroffizier. „Essenkehrer," antwortete dieser mit gepreßter Stimme. Der Unteroffizier, der ihn nicht verstand, wiederholte „Wer?" „Essenkehrer." „Der Teufel kann dich verstehen," brüllte er und leuchtete dem Flüchtling mit der Laterne in das berußte Gesicht. François schnitt ihm eine furchtbare Fratze und schrie ihm mit weitaufgerissenem Mund entgegen: „Pah".

Dies rettete ihn. „J, du verfluchte Wetterkröte!" rief der Unteroffizier zornig, zog ihm mit seinem Stock einen Jagdhieb über und schob ihn zum Thore hinaus.

François lief zum Wasserturm im Graben an der Westseite der Festung, wo allerdings noch eine Schildwache stand. Der Mann hatte aber ein schlechtes Gehör und die Nacht war ganz dunkel. So blieb François unbemerkt. Er schwang sich auf das Dach des Wasserturms und sprang von da in das dichte und hohe, am Rand des Abhangs wachsende Gebüsch. Nun war es leicht, in den Graben und über die damals niedrige äußere Mauer ins Freie zu gelangen. Blitzschnell rannte er den Berg hinab und hielt nicht eher an, bis er erschöpft, im Schweiß gebadet zu Boden sank und Gott dankte. Nachdem er sich etwas erholt hatte, warf er die Maske ab, unter der er seinen gewöhnlichen Jagdanzug trug. Nur die Kopfbedeckung fehlte.

Von der großen Heerstraße lenkte er sofort ab und gelangte auf vielen Nebenpfaden über Berg und Thal nach vier Stunden vor ein hohes Spalier. Nur kurze Augenblicke hatte er unterwegs im Gebüsch oder hinter Weinbergmauern gerastet. Doch welcher Schreck durchfuhr ihn, als er das Anschlagen mehrerer Uhren und das Anrufen der Schildwache vernahm, somit merkte, daß er in Ludwigsburg vor dem Thor des königlichen Tiergartens stand. Schnell schlug er einen seitwärts führenden Pfad ein und wanderte wieder einige Stunden weiter. Jedem Dorf wich er aus, da er aber keinen Weg und Steg kannte und es immer dunkler wurde, beschloß er, den Anbruch des Tags abzuwarten. Er erklomm einen hohen Berg (wohl den südlich von Asperg gelegenen Stechenberg), um im Gebüsch sich gegen den Regen zu schützen. Bald schlief er ein. Doch Nässe und Kälte weckten ihn nur zu rasch. Er bemerkte sich gegenüber und in gleicher Höhe wandelnde Lichter und glaubte das Anrufen von der Wache zu vernehmen. Dort war Hohenasperg und er konnte nicht eine Stunde weit davon entfernt sein. Rasch eilte er den Berg hinab und stand gegen 4 Uhr morgens vor dem Thor einer kleinen, verschlossenen Stadt (wohl Markgröningen), von Hunger und Durst geplagt. Der Thorwart, ein altes Männchen, öffnete auf sein Klopfen das Thor und fragte: "Woher des Landes?" Keck antwortete François: "Von Ludwigsburg, Schneidergeselle vom Meister geschickt." "Zahlt zwei Kreuzer," entgegnete der Thorwart. Er zahlte und ging hinein. Bei einem "Becken=Wirt" kaufte er einen Schoppen Wein und Brot und ließ es sich trefflich schmecken. Doch bald fühlte er sich durch den Genuß des jungen Weins sehr unwohl. Heftige Kolik stellte sich ein. Unmöglich konnte er zu Fuß weiter wandern. Er erkundigte sich beim Wirt nach Fahrgelegenheit nach Pforzheim. Außer mit der Post gab es keine, da Versuche, ein anderes Fuhrwerk zu erhalten, vergeblich waren. So ging er denn zur Post, wo er in sehr bestimmtem Ton einen Wagen mit zwei Pferden Extrapost nach Pforzheim forderte. Nach einer Stunde fuhr sie vor. Sie kostete 11 Gulden. François erklärte: er wolle erst in Pforzheim dem Postillon das Geld geben, da er nicht Gold wechseln möchte. Der Postmeister war damit einverstanden, nicht aber seine mißtrauische Frau. Erst als François sich bereit erklärte, seine Ringe dem Postillon zum Pfand zu übergeben, schwand ihr Mißtrauen. Er fuhr glücklich ab. Nur eine Stunde war er vom Asperg entfernt. Der Weg führte in der Richtung dahin zurück, er sah während der Fahrt seinen Kerker wieder ziemlich nahe. Indessen brach der Morgen heran. Hatte man ihn immer noch nicht vermißt? Die drei Schildwachen, die in dem zu seinem Arrestlokal führenden Gang standen, hatten nichts bemerkt und bei einer abends halb 7 Uhr vorgenommenen Visitation des Arrestlokals war alles in Ordnung gefunden worden. Erst am Morgen entdeckte man die Flucht des Gefangenen. Gerade als das Fuhrwerk, in welchem François saß, von der Straße nach Asperg abbog, fielen auf der Festung drei Kanonenschüsse, ein Zeichen, daß ein Gefangener entflohen sei. Etwa nach einer Stunde begegnete François einigen mit Stöcken bewaffneten Bauern, die dem Ausreißer aufpassen sollten. Er wünschte ihnen einen guten Fang. Glücklich erreichte er Pforzheim. Der dortige Postmeister, dem er sich zu erkennen gab, führte die nachsetzenden württembergischen Gendarmen irre und brachte den Flüchtling über den Rhein. Glücklich erreichte er, vom Postmeister in Pforzheim mit Geld ausgestattet, durch das Elsaß, die Schweiz, Vorarlberg, Bayern, Nürnberg, wo er Geld von zu Hause vorfand und mit der Post nach Niemegk, dem Gut seines Bruders, fuhr, die Heimat.

François kehrte später noch einmal ins Schwabenland zurück, als Rittmeister im kaiserlich russischen Semschen Husarenregiment, meldete sich am 10. Dezember 1813 bei König Friedrich an und am 13. ab. Der König traute seinen Augen nicht, als er den kecken Flüchtling sich gegenüber sah. Das erstemal fixierte er ihn scharf, das zweitemal noch schärfer und fragte: „Sie heißen?" Die Antwort war: „v. François, Euer Majestät, zu Befehl." Er entließ ihn, sandte ihm aber noch einen Kammerherrn nach, der im allerhöchsten Auftrag um Wiederholung des Namens bat. Der König traute eben seinen Augen nicht, daß der von ihm zum Tod verurteilte, später zu lebenslänglichem Kerker begnadigte und desertierte François die Keckheit haben würde, ihm sich vorzustellen. Natürlich mußte er von jeder weitern Verfolgung des Flüchtlings, jetzt eines Offiziers der ersten Macht Europas, absehen.

Auch dem Rittmeister v. Wagner, der so viel Schuld an François' Unglück getragen, begegnete dieser am 20. März 1814 bei einer Attaque und wechselte mit ihm militärischen Gruß.

Hochgeachtet ist François als königlich preußischer Generallieutenant a. D. 9. Febr. 1855 in Potsdam gestorben.

Die Flucht des Mutigen war so wunderbar, daß die württembergischen Behörden nicht glauben wollten, er habe keine Mitschuldige gehabt. Allein die eingeleitete Untersuchung ergab nichts. (Wie schwer die Flucht aus dieser Festung war, zeigt ein anderer Fall. Am 23. Juni 1812 entwich aus derselben der „Hauptverbrecher" Mathieu Rouhet von Bordeaux, 38 Jahre alt, nur mit Hemd und Unterhose bekleidet. Doch wurde er bei Harmersheim von der großherzoglich badischen Polizei aufgegriffen, ausgeliefert und wieder auf die Festung gebracht. Baden hatte schon 1808 mit Württemberg Auslieferungskartell.)

## 1809.

In keinem Jahr waren bisher so viele Staatsgefangene auf den Asperg gebracht worden, wie es im Jahre 1809 geschehen sollte, und zwar aus den verschiedensten Ursachen verhaftete, vom Baron bis zum Bauern hinab. Der Krieg mit Österreich veranlaßte diese zahlreichen Einkerkerungen. Im März 1809 rückten die württembergischen Truppen als Verbündete Napoleons ins Feld gegen Österreich. Napoleon hatte am 24. April den deutschen Orden, dessen Großmeister ein Erzherzog von Österreich war, für aufgehoben erklärt. Schon vorher, am 12. April ergriff König Friedrich Besitz von Mergentheim, der Residenz des Deutschmeisters, durch den Generalkommissär Maucler. Am 7. Juni folgte die förmliche Einverleibung ins Königreich, am 13. Juni die Huldigung. Als am 26. Juni die Truppenaushebung beginnen sollte, brach ein Aufstand aus. Das Gerücht von Annäherung einer österreichischen Abteilung bestärkte die Aufständischen. Doch schon am 29. fiel die Stadt wieder in die Hände der Württemberger. Ein hartes Strafgericht erfolgte. Am 4. Juli 1809 wurden fünf Rädelsführer zum Tod, Joseph Lurtz, Wirt von Rengershausen, Joseph Fischer von Mergentheim, Christian Hofeler von Hachtel zur lebenslänglichen Festungsarbeit, Sebastian Scholl von Markelsheim zu fünfjähriger Festungsarbeit in Eisen verurteilt. Auch der Deutschordens=Komthur Freiherr Friedrich von Hornstein (geb. 1766, gest. 1827 in Wien) kam ein halbes Jahr auf die Festung und wurde erst auf Verwendung des Kaisers von Österreich der Haft entlassen, doch des Landes verwiesen. Erst der Tod König Friedrichs (1816) öffnete den Kerker der lebenslänglich verurteilten Mergentheimer.

Seit Mai 1809 bedrohten die aufständischen Vorarlberger das württembergische Oberland und hofften auf Unterstützung in den früher österreichisch oder reichsritterschaftlich gewesenen Teilen des Landes. Drei Mitglieder der Reichsritterschaft, Freiherr Joseph Anton Marquard Fidel v. Hornstein (geb. 1746, † 1837), Freiherr Joseph Thabbäus Joh. Baptist v. Reischach, k. k. Kämmerer (geb. 1768, † 1834 in Konstanz) und Freiherr Joseph Wilhelm v. Stotzingen auf Steißlingen und Wiechs, k. k. Kämmerer und Ritterschaftsrat (geb. 1737, † 1817 zu Steißlingen), waren ungern badische und württembergische Unterthanen geworden, äußerten das unverholen, wurden auch Steuerverweigerer, weshalb König Friedrich sie im Jahre 1809 bei der Herannäherung der Vorarlberger Insurgenten verhaften ließ. Stotzingen ward auf Ehrenwort entlassen, mußte aber in der Krone zu Stuttgart bleiben, Reischach war in Rottenburg am Neckar interniert. Gegen Hornstein, der beschuldigt wurde, mit den Vorarlbergern in Verbindung zu stehen, verfuhr der König strenger. Um Mitternacht wurde derselbe mit seiner Gattin

Maria Beata, gebornen Freiin v. Ulm auf Erbach, mit der er seit 1781 in glücklicher Ehe lebte, aus dem Schoß seiner Familie gerissen, gleich einem Verbrecher nach Stockach und von da nach Stuttgart abgeführt, unter roher Behandlung seitens des mit der Verhaftung beauftragten Beamten. Nach vierwöchiger Haft wurde Freifrau von Hornstein zwar wieder nach ihrem Gute Binningen transportiert, stand jedoch noch über ein Jahr unter strengster Bewachung eines Landjägers, der sie sogar zur Kirche begleiten mußte.

Über die Freiherren v. Hornstein und Reischach trat die juristische Fakultät Tübingen zum Spruchgericht zusammen. Reischach wurde am 20. Januar 1810 freigelassen. Hornstein saß 1¼ Jahr auf dem Hohenasperg, erhielt dann seine Freiheit mit dem Beifügen, daß er sich auf seine Güter begebe, und allda sich ruhig verhalten sollte, blieb aber unter polizeilicher Aufsicht. Er sollte in einem Brief an den Insurgentenführer Dr. Schneider die unvorsichtige Äußerung gethan haben: er habe stets 2 bis 300 Mann auf Signal bereit.

Eben dieser Dr. Anton Schneider (geb. 1777 zu Weiler im bayrischen Allgäu) bezog noch 1809 selbst als Gefangener den Asperg. Ursprünglich Advokat in Bregenz, leitete er seit Mai 1809 als Landeskommissär die militärischen Operationen der Aufständischen. Obgleich er und die Hauptleute Drexel und Feurstein am 6. August mit dem französischen Oberstlieutenant Lalance eine Kapitulation abgeschlossen hatten, welche Sicherheit der Person und eine allgemeine Straflosigkeit zugestand, erließ General Blaumont am 8. August eine Proklamation, nach welcher Dr. Schneider den Tod erleiden sollte. Auch hatte der Herzog von Danzig befohlen, ihn 24 Stunden nach seinem Habhaftwerden zu erschießen, wie Napoleon von Schönbrunn aus angeordnet hatte. Schon am 7. August rückten die mit den Franzosen verbündeten Württemberger über die Grenzen. Schneider, der mit einer Deputation ihnen entgegenkam, wurde von Prinz Paul mit den Worten begrüßt: „Sie sind der Teufel des Landes, Sie sollen Ihr Thun bereuen" und wurde für arretiert erklärt. Der französische General verlangte seine Auslieferung mit Ungestüm, aber Kronprinz Wilhelm machte sich ein Gewissen daraus, ihn als einen Kriegsgefangenen, der sich mit einer allerdings später nicht genehmigten Kapitulation auf Treu und Glauben ergeben hatte, ans Messer zu liefern und rettete dadurch dem Doktor das Leben. Am 11. August 1809 passierte dieser mit einer württembergischen Militärbegleitung, von Lindau kommend, Stuttgart, dem Asperg zu, wo er 11 Tage in Haft blieb. Nachdem er hier mehreremal vernommen worden war, wurde er nach Ulm gebracht und den königlich bayrischen Behörden übergeben. Er kam dann ins Speziallager nach Lindau, von da nach Kempten und wurde erst Neujahr 1811 nach 147 tägiger, harter Haft infolge der wiederholten Requisitionen Österreichs freigelassen. Er starb 16. Juli 1820 im Bad Fiberis.

Im Jahre 1809 erschien am 31. Oktober die schon mehrfach erwähnte Instruktion wegen Behandlung der Festungsgefangenen auf Hohenasperg. Als erste Abteilung nennt sie: „Staatsgefangene, Leute von Stand, welche wegen verschiedener Arten von Vergehen hieher gesetzt werden." Ihre Behandlung wurde im einzelnen Falle durch Spezialinstruktion vorgeschrieben. Sie „wurden in besonderen Gefängnissen verwahrt, waren von jeder Kommunikation abgeschlossen und durften nur in Gegenwart des Platzhauptmanns und von einer Wache begleitet spazieren gehen."

## Letzte Jahre König Friedrichs.

Von Mai 1811 bis November 1816 saß auf bloßen Kabinettsbefehl im Festungsarrest auf Hohenasperg ein Theologe, der erste Geschichtschreiber des Asperg selbst, Magister Immanuel Hoch (geb. 1788 in Bietigheim), der erſt lange nach ſeinen Kompromotionalen (1822, ſtatt etwa 1812) bedienſtet wurde und als ſeines Dienſtes entlaſſener Pfarrer 1856 geſtorben iſt. 1810 war er auf Befehl des Königs dem Oberamtmann Muff in Göppingen zur politiſchen Aufſicht übergeben worden. Eine Gedichtſammlung herauszugeben, wurde ihm unterſagt und verboten, überhaupt etwas in den Druck zu geben. Als er darauf in einem Brief an einen deutſchen Gelehrten Eccard zu Paris ſchrieb: „er befinde ſich in Vandalenhänden" und der Brief in die Hände des Königs gelangte, wurde er auf den Asperg abgeführt, wo ein Verhör ſtattfand. Dort lag er in einem kalten, feuchten, unreinen Kerker. Als er bald erkrankte, wurde er täglich an die friſche Luft geführt. Im Auguſt 1816 übergab er dem Kommandanten eine Schrift mit der Bitte um Freilaſſung und mit der Drohung, ſich an die Landſtände zu wenden. Die Schrift wurde durch einen Leibjäger abgeholt, der Gefangene fortan nicht mehr ins Freie gelaſſen, genauer bewacht, im übrigen auf den Geburtstag des Königs am 6. November vertröſtet. Sechs Tage vor demſelben, am 30. Oktober, ſtarb König Friedrich und nun wurde der Gefangene von ſelbſt frei, nachdem ſchon früher ein Tübinger Fakultätsgutachten das Verfahren wegen Ermanglung eines Rechtsgrundes für rechtswidrig erklärt hatte. Hoch war im Beſitz der Papiere des mit ihm gefangenen Freiherrn v. Wolff. Es liegt nahe, in dem Schickſal Hochs eine zwar harte, aber nicht ungerechte Strafe dafür zu erkennen, daß er im Sommer 1808 Tübinger Kameraden als ſtaatsgefährlich angezeigt und zwei auf den Asperg gebracht hatte. Damals meldete er dem Staatsminiſter Graf Normann: vor zwei Jahren habe der Stuttgarter Lazaret- und Siechenhauspfleger Hölder und der Student Reichenbach einen geheimen Orden geſtiftet, der zuerſt aus 10, jetzt aus 26 Perſonen beſtehend, ganz organiſiert mit Geſetzbuch, Wahlkollegium von 6 Senatoren, Archiv, Bibliothek, Kaſſe ꝛc., die Absicht habe, wenn ihre Zahl auf 200 Männer und Frauen, Studierte, Handels- und Gewerbsleute, gewachsen, sich unbemerkt an einen Ort außer Landes zu sammeln, nach der Insel Otaheiti in der Südsee zu reisen und dort eine Republik nach Art der alten Spartaner zu errichten. Die Untersuchung ergab, daß das Lesen von Cooks Reisebeschreibung und anderen Büchern in den Angeschuldigten den Gedanken der Auswanderung nach jenen glücklichen Inseln geweckt hatte, daß aber kein Verbrechen, sondern nur eine durch unreife Beurteilung irregeleitete Schwärmerei vorliege, daher nur polizeiliche Korrektion einzutreten habe, als welche der ohne Schuld der Verhafteten verlängerte Arrest gelten könne; nur die Studenten Reichenbach und Georgii wurden wegen unziemlicher Äußerungen über die politischen Verfassungen der europäischen Staaten, ersterer zu zwei-, letzterer zu einmonatlichem Festungsarrest nebst je $^1/_{12}$ Untersuchungskosten verurteilt. (Reichenbach wurde Hüttenmann, Entdecker des Kreosot und Paraffin, Beschreiber des Ob, und starb als Freiherr zu Leipzig 1869, Georgii als junger Professor der Medizin zu Tübingen 1819.) —

Im Jahre 1815 kamen mehrere Offiziere als Staatsgefangene wegen eines schweren Vergehens gegen die Subordination auf den Hohenasperg. Als am 15. Juli 1815 das zweite Bataillon des zweiten Infanterieregiments Herzog Wilhelm in dem französischen Dorf Juzennecourt einquartiert wurde, erhielten die Offiziere in dem daselbst gelegenen Schlosse des Maire von Chaumont Quartier. Derselbe bewirtete die Offiziere aufs glänzendste. Dagegen war die Verpflegung der Offiziersburschen, die in der Küche des Schlosses hätten speisen sollen, sehr karg. Dieses verursachte bei der Mittagstafel einen Wortwechsel zwischen dem Hauptmann v. Zeppelin, welcher mit der Überwachung der Verpflegung beauftragt war, und dem Obersten v. Cammerer, der für den Schloßherrn Partei nahm. Der Oberst ließ sich gegen Zeppelin zu beleidigenden Ausdrücken hinreißen, verweigerte diesem aber die geforderte Genugthuung, weil es sich um eine Dienstsache handle. Das gesamte Offizierskorps erklärte, unter einem solchen Obersten nicht weiter dienen zu können und ließ durch Lieutenant Tobias Steimle (geb. 1785 in Neubulach), einen schneidigen Offizier, der vom Metzgerburschen zum Lieutenant vorgerückt war, dem Obersten den Degen abnehmen. Alle Offiziere des Bataillons wurden arretiert, jeder einzeln von einer Schildwache im Zimmer bewacht und nach Nevers transportiert, wo wieder jeder einzeln in Arrest kam. In den 90 Tagen seines Arrestes wurde Steimle 21 mal verhört. Sein Quartiergeber, ein Advokat, teilte ihm mit, daß alle Offiziere erschossen würden. Steimle meinte nur: „nach Recht und Gerechtigkeit wird bei uns gerichtet und es wird mir geschehen, was ich verdient habe." Ein aus Generalen, Obersten, Majors, Hauptleuten, Lieutenants und Auditeurs zusammengesetztes Kriegsgericht unter dem Vorsitz des Generals Georg v. Misani (geb. 1771 in Samaden, † 1845 in Großsachsenheim) fällte am 20. September 1815 zu Nevers folgendes Urteil:

Friedrich Ludwig Heinrich v. Zeppelin (geb. 1788 zu Bettin in der Mark Priegnitz, zuerst preußischer, seit 1808 württembergischer Offizier, seit 1811 mit einer Stuttgarter Kaufmannstochter Friederike Weiß in kinderloser Ehe vermählt, Inhaber der Ehrenmedaille von Brienne 1814) zur Todesstrafe durch Erschießen; Bataillonsadjutant Oberlieutenant Karl v. Bühler (geb. in Lorch als Sohn des dortigen Oberamtmanns Karl August v. Bühler) wegen besonders thätiger Teilnahme bei diesem Verbrechen zu 6 Jahren Festungsstrafe; Major Adolf v. Wucherer aus Spachbrücken an der Bergstraße zu 6 Monaten Festungsarrest; Lieutenant Steimle zur Dienstentlassung und 18 Monaten Festung; Hauptmann Wilhelm Karl Christian v. Löwenstern (geb. 1784 in Meiningen, † 1851 in Stuttgart als Inhaber einer lithographischen Anstalt) zu 6 Monaten Festungsarrest; Hauptmann Heinrich v. Massenbach (geb. 1793, † 1843 in Ulm) zu 3 Monaten Festungsarrest; Oberlieutenant Wilhelm v. Sonntag (geb. 1796, † 1851 in Stuttgart als Hauptmann im Ehreninvalidenkorps) zu 4 Wochen Arrest auf der Hauptwache; Oberlieutenant Schmidt zu 2 Monaten Festungsarrest; Lieutenant v. Beck aus Ulm zu 4 Wochen Arrest; endlich Oberst v. Cammerer wegen schwachen und der Würde seiner Stellung nicht entsprechenden Benehmens zur Dienstentlassung und 18 Monaten Festungsarrest.

Der König bestätigte das Urteil, erließ dem Oberst v. Cammerer den Festungsarrest, erklärte ihn seiner Orden und Ehrenzeichen verlustig und entfernte ihn aus der Armee. Die Strafe gegen Hauptmann v. Massenbach wurde auf 4 Wochen Arrest herabgesetzt. Alle Offiziere wurden aber entlassen. Am 24. September wurde Zeppelin in Nevers erschossen und Bühler vor der Front kassiert. Alle zur Festungsstrafe verurteilten Offiziere, also Major v. Wucherer, die Hauptleute v. Löwenstern und v. Massenbach, Oberlieutenant Schmidt und Lieutenant Steimle wurden unter Begleitung Lieutenant Bofingers mit 5 Unteroffizieren, einem Unterarzt und 24 Soldaten nach Hohenasperg geführt und zwar in Chaisen als Staatsgefangene. Nur Oberlieutenant v. Bühler wurde mit gemeinen Verbrechern transportiert. Darüber geberdete er sich unterwegs und bei seiner Ankunft widersetzlich. Deshalb fragte der Kommandant in einer Meldung beim König an: wie dieser Mann zu behandeln sei, da er seinem Betragen nach eine andere Behandlung verdiene. Die Antwort war: v. Bühler dürfe alle 2 Tage unter Begleitung einer Wache eine Stunde in der freien Luft sich Bewegung machen, die übrige Zeit solle er verwahrt werden und außer 2 Pfund Brot bei 6 Kreuzer täglich zu seiner Subsistenz gehalten werden. Die andern Gefangenen waren am 26. Oktober 1815 auf dem Asperg angelangt und wurden vom Interimsfestungskommandanten Oberstlieutenant Leopold v. Beguignolle (geb. zu Kosel in Preußen, † 1821 in Ulm) in Empfang genommen. Sie hatten

Festungsfreiheit, trugen ihre Uniformen und wurden gut behandelt. Steimle begegnete auf einem Spaziergange einst dem Festungskommandanten Franz Karl Friedrich August v. Etzdorf (geb. 1765 in Stuttgart, † 1838), welcher mit ihm freundlich sprach, ihn zu einem Besuche einlud und ihm seine Bibliothek zum Lesen anbot, was Steimle mit Freuden annahm, da er in der Jugend nicht viel gelesen habe. Auch sonst war seine Lage nicht schlecht. Täglich bekam er 15 Kreuzer. Um 4 Kreuzer speiste er Mittags bei einer Feldwebelsfrau, vom übrigen Geld kaufte er Kommißbrot, das er zu Hause aß, und bestritt seine sonstigen kleinen Ausgaben. Ein Fräulein aus Ludwigsburg, welche eine der beiden Töchter des Kommandanten Generals v. Etzdorf besuchte, sah Steimle beim Spazierengehen, erkundigte sich bei ihrer Freundin nach ihm und schickte ihm nach und nach durch den General 12 Gulden. Ein Lieutenant vom Regiment Nr. 3, ein Pfarrerssohn, sandte ihm von Weißenburg im Elsaß namens mehrerer Kameraden 102 Franken und riet ihm, sich gute Bücher zu kaufen, um die Lücken in seiner Bildung zu ergänzen. Er schloß: „Vielleicht wärest Du, wenn Du Offizier geblieben wärest, nicht auf Deiner Seele Heil bedacht gewesen. Gott wird dich läutern, bis Du ihm treulich anhangst. Das Glück dieser Welt blühte Dir, aber öfters können wir es nicht ertragen, so führte Dich nun die Vorsehung."

Als König Wilhelm I. am 30. Oktober 1816 die Regierung antrat, öffnete sich den gefangenen Offizieren der Kerker. Major Wucherer ging nach Amerika, Steimle blieb im Lande, war nacheinander Oberumgelder in Balingen und Rosenfeld, 1818 Oberzoller, aber wegen Nichtleistung der Kaution entlassen, dann Unteroffizier im Regiment Nr. 2 Prinz Friedrich, dann Metzger, 1833 Hirschwirt in Emmingen und hausierte zuletzt mit Kielfedern, Siegellack, Oblaten und Bleistiften. Er starb am 21. Februar 1845.

## 1824—26.

Im Jahre 1824 bezog wieder ein Staatsgefangener eine Zelle auf dem Asperg. Es war der bekannte Nationalökonom und Politiker Friedrich List (geb. 6. August 1789). Als Landtagsabgeordneter hatte er, aufgefordert von den angesehensten Bürgern seiner Vaterstadt Reutlingen, eine hierauf durch Steindruck verbreitete Eingabe an die Ständekammer verfaßt, worin er eine Reihe von Gebrechen im württembergischen Staatsleben darlegte. Neben gewissen Schroffheiten enthielt dieselbe manche beherzigenswerte Vorschläge. Um ersterer willen erfolgte eine Untersuchung wegen Beleidigung der gesamten Staatsdienerschaft. Nachdem am 24. Februar 1821 die Ständekammer die Ausschließung Lists beschlossen hatte, wurde die Untersuchung streng durchgeführt, List sogar, als er sich weigerte, über seine Kammerreden Auskunft zu geben, mit Stockschlägen bedroht, was allerdings damals gesetzlich zulässig war. Darauf wurde List am 6. April 1822 wegen durch den Druck verbreiteter Ehrenbeleidigung und Verleumdung der Regierungs-, der Gerichts- und Verwaltungsbehörden und Staatsdiener Württembergs, wegen Begehung von Staats- und Majestätsverbrechen im Sinn des Gesetzes vom 5. März 1810, unter erschwerenden Umständen, und wegen unbotmäßigen Benehmens gegen den untersuchenden Richter — zu zehn Monaten Festungsstrafe mit angemessener Beschäftigung innerhalb der Festung verurteilt. List, welcher von der Rekursinstanz die Aufhebung dieses strengen Urteils erwartete, floh nach Straßburg, von wo aus er am 22. April 1822 den Heilbronnern für ihre Eingabe zu seinen Gunsten dankte. Er ging nach Paris und London und lebte dann unter vielen Entbehrungen in der Schweiz. Da aber nach einem halben Jahre am 3. Dezember 1822 der Kriminalsenat des Obertribunals das Urteil einfach bestätigte und eine Beschwerde an den König, worin List sich mit großem

Freimut verteidigte, ohne Erfolg blieb, trat er im August 1824, von Not und Sorgen um die Seinigen in die Heimat getrieben, die Strafe auf dem Hohenasperg an. Man ließ ihn Akten für die Kanzleien, Verzeichnisse über Koletts, Tschakos, Quasten, Beinkleider abschreiben. Als ihm von einem Buchhändler ein Buch zum Übersetzen angetragen wurde, verfügte der Gerichtshof, man halte das nicht für angemessen, man solle ihm zum Abschreiben geben. Daß ihn jedoch sein Humor nicht verließ, zeigt ein Brief an Justinus Kerner: „Hölleberg, den 7. November 1824. Freund Schmerzenreich! . . . Mir ist's indes wunderlich ergangen, doch eines oder auch zwei habe ich behalten und wieder mitgebracht, das ist ein guter Mut und ein so gutes Gewissen, daß mir oft vorkommt, wenn ich auf dem Wall spazieren gehe, es sei doch besser, ich sei hier oben, als dort unten bei den Weiberknechten. . . . Lebt inzwischen wohl bis auf Wiedersehen, lieber Freund Schmerzenreich, und bleibt gut Eurem Freudenreich." Freilich wurde dieser gute Humor auf harte Proben gesetzt. Man ließ ihn, wie er selbst sagt, fühlen, daß er ein „Verbrecher" sei. List schrieb an einen einflußreichen Freund: um alle weitere Untersuchung und Gefangenschaft abzuschneiden, würde er sich entschließen, nach Amerika auszuwandern, und bat den Freund, diesen Entschluß dem Justizminister mitzuteilen. Lists Gattin wendete sich unmittelbar an den König mit der Bitte um Aufhebung der Strafe und der neuen Untersuchung. Es wurde abgeschlagen. Die Freunde stellten einen Bürgen dafür, daß List im Fall der Begnadigung auswandern würde, zufällig einen solchen, dessen Ruf, wenn auch nur durch Privathaß, nicht ganz unangefochten war. Dies preßte dem Gefangenen in einem Briefe vom 2. Dezember 1824 die bitter ironischen Worte aus: „Mich dünkt, es sollte in gewissen Orten einen günstigen Eindruck machen, wenn man sieht, daß sich niemand mehr findet, der für mich Bürgschaft leiste als dieser. Das ist ja ein neuer Triumph für mich!" Endlich im Januar 1825 kam der Befehl, ihn „zur Fortsetzung der Untersuchung" nach Stuttgart zu bringen. Er wurde verhört und dann gefragt, wann er fortgehen wolle. Er begehrte nur vier Tage Frist, mußte einen Revers unterschreiben, daß er nach vier Tagen sich wieder stellen und dann mit Verzicht auf das Bürgerrecht Württemberg verlassen werde. Dabei handelte man noch so rücksichtsvoll, ihm zu bedeuten, sein Name komme in den demagogischen Umtrieben vor; wenn er von der Mainzer Zentral=Untersuchungs=Kommission eingefordert werde, so könne man ihn nicht mehr fortlassen. Lists weiterer Lebensgang und Ende ist bekannt. Fern von der schwäbischen Heimat endigte der mit seinen Gedanken und Vorschlägen der Zeit vorauseilende Kämpfer für Deutsch= lands Größe und Einheit freiwillig sein Leben am 30. November 1846. An einer Sammlung für seine Hinter= bliebenen beteiligte sich auch König Wilhelm mit einem namhaften Beitrag; 1863 ist dem bedeutenden Mann in Reutlingen ein ehernes Denkmal errichtet worden.

Bald nach List bezogen eine Reihe studierter junger Männer als Staatsgefangene den Asperg. Auf die An= zeige der Mainzer Zentral=Untersuchungs=Kommission, daß auch in Tübingen, wie auf andern deutschen Hochschulen, ein politischer Geheimbund, der „Jugendbund" oder „Jünglingsbund", bestehe, wurde gegen die dortige **Burschenschaft** eingeschritten. Ende September 1824 erfolgten Verhaftungen. Vor allem wurde der Leiter des Bundes, der Candidatus cameralium Gustav Eduard Kolb (geb. 1798 in Stuttgart, † 1865 in Augsburg als Chef= Redakteur der Allgemeinen Zeitung), nach kurzem Verhör vom Stadtdirektor zu Stuttgart in Haft genommen und auf den Hohenasperg abgeführt. Während der Unter= suchung wurde ihm dort ein kellerartiges Gemach ange= wiesen, von dicken Mauern umschlossen, kaum länger als das in demselben stehende Bett; das einzige vergitterte Fenster war so hoch, daß man nicht hinaussehen konnte, nur ein spärlicher Schimmer drang in das Gemach und Lichter waren nicht gestattet, so daß Kolb im Oktober kaum fünf oder sechs Stunden zum Lesen verwenden konnte. Kein Buch fand den Zugang zu ihm außer der Bibel. In dieser suchte er Trost. Auch wünschte er, sich einem Geistlichen anzuvertrauen. Er wandte sich an den gefeierten Stadtpfarrer in Stuttgart, Chr. Ab. Dann, der aber seinen Wunsch mißverstand und ihn für seine Geständnisse an den Untersuchungsrichter wies. Doch gegen Ende Oktober wurde Kolb, früher als seinen Mitgefangenen, eine erträglichere Zelle angewiesen. Jetzt begann er sich allmählich zu fassen und schrieb auf Neujahr 1825 seiner Mutter eine Anzahl Sonette aus der Gefangenschaft, in denen sich neben der innigen Liebe zur Mutter ein ergebener Sinn, eine durch religiösen Trost gewonnene Beruhigung des Gemüts aussprach:

> Hier sitz' ich einsam in den stillen Wänden,
> Fern von dem Kreis der Lieben, der Genossen,
> Allein mit meiner Sehnsucht eingeschlossen;
> Werd' ich wohl hier den Frieden wieder finden?
>
> Wer wird dem Einsamen die Kunde senden?
> Es hat der Mond sein frieblich Licht ergossen;
> Liegt nicht dort oben mein Geschick umschlossen
> Von eines milden Vaters ewgen Händen?
>
> Dort ziehn die Sterne ihre hohe Bahn,
> Sie blicken nieder mit den goldnen Augen
> Und wecken leis die längst entschwundnen Träume.
>
> Es steigt die Seele freudig himmelan,
> Und wie die Schmerzen still hinuntertauchen,
> Flieht sie entfesselt in die ewgen Räume.

Immerhin trug keiner der Verhafteten die Gefangenschaft so schwer als Kolb, der, nachdem später das Urteil gegen ihn und seine Verbindungsbrüder gefällt worden war, sich über das durch ihn, den Stifter des Geheimbundes, jenen bereitete Schicksal bittere Vorwürfe machte oder wenigstens in fortwährender Besorgnis schwebte, sie könnten ihm Vorwürfe machen.

Mit Kolb gleichzeitig waren auf der Festung die andern Mitglieder des Geheimbundes eingetroffen: der Repetent am evangelischen theologischen Seminar in Tübingen, Karl August Mebold (geb. 1798 in Spielberg, O.A. Nagold, † 1854 zu Stuttgart als Redakteur der Augsburger Allgemeinen Zeitung), der Studierende der Medizin Friedrich Wilhelm Hauff (geb. 1802 in Marburg, † 3. Juni 1825 in Bondorf), der Mediziner Johann Heinrich Franz Gräter (geboren in Hall, † 1861 als Spitalit daselbst), der Theologe Johann Friedrich Witt (geb. 1802 in Langenburg, † 1856 zu Ilshofen), der Mediziner August Friedrich Scheurer (geboren in Stuttgart, † 1840 als Arzt und Apotheker in Ohio), der Studierende der Rechtswissenschaft Friedrich Röbinger (geb. 1800 in Lehrensteinsfeld, † 1868 als Rechtsanwalt und Landtagsabgeordneter in Stuttgart), der Pfarrvikar Friedrich Eugen Wilhelm Barbili (geb. 1799 in Stuttgart, † 1827 als Lehrer in New York), der Mediziner Wilhelm Friedrich Schäuffelen (geb. 1796 in Stuttgart, † 1869 als Stadtarzt in Öhringen), der Kandidat der Rechte Wilhelm Wagner (geb. 1801 in Balingen, † 1883 als Rechtsanwalt und Direktor des Württ. Kreditvereins in Stuttgart), der Finanzreferendär Karl Christian Knaus (geb. 1801 in Vaihingen a. d. Enz, † 1844 als Professor der Land- und Forstwissenschaft in Tübingen), der Justizreferendär Gottlob Tafel (geb. 1801 in Sulzbach am Kocher, † 1874 als Rechtsanwalt in Stuttgart), der evangelische Pfarrer Karl Geßler von Dörzbach (geb. 1798 in Orenbelsall, † 1872), der Rechtsanwalt Heinrich August Kübel in Kirchheim u. T. (geb. 1799, † 1855), der evangelische Pfarrer Wilhelm Pezold von Peterzell (geb. 1797 in Möhringen auf den Fildern, † 1887) und der Kaufmann, spätere Verlagsbuchhändler Samuel Gottlob Liesching in Stuttgart. Zugleich mit ihnen war in

Untersuchungshaft der Privatdozent der Theologie zu Tübingen Karl August Hase (geb. 1800 zu Nieder-Steinbach in Thüringen, † 1890 in Jena als Professor der Theologie und wirkl. Geh. Rat) wegen Zugehörigkeit zum Jugendbunde vor seiner Tübinger Zeit. Dieser hat in einem vielgelesenen Buch: Ideale und Irrtümer, seinen Aufenthalt auf dem Asperg anmutig beschrieben. Er wurde am 29. September 1824 durch den Universitätsamtmann in Tübingen verhaftet und mit zwei mitverhafteten jungen Leuten durch einen Polizeikommissär nach Stuttgart geführt, wo sie in der Stadtdirektion über Nacht gehalten und am andern Morgen nach der Festung geführt wurden. Hase erhielt dort ein Zimmer, dessen Fenster nicht vergittert waren. Am nächsten Morgen wurden seine Taschen durchsucht und ihm das Geld abgenommen. Außer dem Festungsbeamten sah er niemand. Im ganzen waren jetzt außer Hase sechzehn Gefangene, lauter Württemberger, auf der Festung. Die Kost, welche dieselben erhielten, war gut; abends gab es einen Schoppen Wein oder Bier. Aber das Fleisch mußte in Gegenwart des Beamten geschnitten werden, der dann Messer und Gabel wieder hinwegnahm. Das Lesen wurde nicht gehindert. Die Leihbibliothek des Stuttgarter Buchhändlers Franckh, eines eifrigen Demokraten, stellte ihre Bücher den Staatsgefangenen unentgeltlich zur Verfügung. Diese, namentlich Walter Scotts Werke, wanderten von einer Gefängniszelle zur andern. Wenn früh morgens der Inspektor in die Zelle kam, marschierte hinter ihm ein Gendarm mit einem dreibändigen Roman. Durch dieses Zirkulieren der Bücher bei den Gefangenen wurde eine gewisse Verbindung unter ihnen hergestellt, indem einzelne Stellen, die auf ihre Lage paßten, mit dem Nagel unterstrichen wurden, z. B. „ich hülle mich in die Größe meiner That". Manches Unangenehme brachte indes trotz der humanen Behandlung die Haft mit sich. So durften die Gefangenen nichts schreiben, ausgenommen offene Briefe, zu denen das Werk-

zeug geliefert wurde, so daß diese bestimmten Blätter abzu=
liefern waren. Da mit Schlag 8 Uhr alles Licht gelöscht
werden mußte, brachten die lichtlosen Abende Langeweile.

Der Untersuchungsrichter v. P. wollte, wenn auch ein
gutmütiger Mann, möglichst viel Schlimmes an den Tag
bringen. Zwei Schöffen, einfache Leute aus dem Dorf
Asperg, bildeten, für 12 Kreuzer die Stunde, die Gerichts=
bank. Als Hase die Namen seiner Mitschuldigen sich zu
nennen weigerte, erkannte der Gerichtshof, daß er durch
Zwangsmittel, geringere Nahrung und ein schlimmeres
Gefängnis zur Nennung angehalten werden sollte. Weil
eine Person, ein Neugieriger, den Hases Selbstgespräche
herbeigelockt hatten, an der Thür seines Zimmers lauschend
gesehen worden, war Hase schon vorher wegen angeblicher
Anstiftung einer Meuterei 10 Wochen lang bis Neujahr
1825 in einem Kerker für Diebe und Mörder eingeschlossen,
„der nur hoch in einer dicken Mauer ein Fenster hatte,
das, kellerartig sich verengend, vorn verwahrt war durch
eiserne Spitzen, vor dem Fensterglase durch das gewöhn=
liche Eisengitter, dahinter noch durch ein Drahtgeflecht."
Aus diesem Loch kam er nur zum Verhör heraus. Übrigens
hatte dieses Fenster sein Gutes. Wenn um 8 Uhr Abends
das Licht gelöscht werden mußte, stopfte Hase die Betten
in dieses Fensterloch und brannte ruhig sein Licht weiter.
Bisweilen allerdings merkte die Schildwache den Schein
und rief „Licht aus!" Allein manche Stunde der langen
Winternächte las Hase, dank seiner List, bei seinem Licht.
Die Mäuse, die thatsächlich Nachts sich an seinem Un=
schlittlicht gütlich thaten, mußten dann schuldig sein, wenn
am Morgen nur noch ein kurzes Endchen übrig war.

Leider forderte die Haft ein Menschenleben. Hauff
erkrankte und wurde todkrank seinem Oheim, dem Pfarrer
in Bondorf bei Herrenberg übergeben, dann zwar auch,
am 29. Mai 1825, wegen der Teilnahme an einer hoch=
verräterischen Verbindung zu 2½ Jahren Festungsstrafe
verurteilt, hat dieselbe aber nie angetreten, sondern starb

schon 3. Juni 1825 in Bondorf. Eine Abordnung der Tübinger Burschenschaft wohnte dem Begräbnisse bei. Seine noch auf dem Asperg gefangenen Verbindungs=
brüder aber veranstalteten eine ergreifende Trauerfeier. Abends bildeten sie in der Mitte des Festungshofs einen Kreis. In der Ferne standen das Militär und die anderen Bewohner der Festung. Die Gefangenen sangen ein dazu von Mebold gedichtetes Lied:

>Hinunter ist der Sonnenschein
>Von deinem jungen Leben,
>Ins Meer des Todes taucht er ein,
>Um neu sich zu erheben ...

Dann hielt Kolb die Trauerrede „über dieses junge, in so düsterem Gewölk untergegangene und doch innerlich schöne Leben." Den Beschluß machte wieder ein Lied von Mebold:

>Über die Ufer weit
>Warf uns der Kampf der Zeit
>Mitten ins Brausen der Wogen.
>Stumm ist des Schicksals Buch,
>Hart des Gesetzes Fluch,
>Freundschaft nur bleibt uns gewogen ...

Bald nach der Freilassung Hauffs erhielt Hase die Erlaubnis, mit einem Gendarmen auf dem Wall, der den ganzen Festungshof umgiebt, spazieren zu gehen. Auch vertauschte er nach einiger Zeit das dunkle Loch, in dem er 10 Wochen gesteckt hatte, mit einem wohlgelegenen Offizierszimmer, der Ecke der Kaserne. Mit Rickele, einer der zwei munteren Töchter des Bäckers, wechselte Hase Grüße und nachbarliche Worte, die sie auch fortsetzten, als die Schildwachen dieses anzeigten und Hase bedroht, das Mädchen ermahnt wurde. Einmal saß der Richter mit seinem Sekretär im Bäckerhause bei einem Schoppen Wein und sagte im Spaß: Dr. Hase sei zum Tode ver=
urteilt. Tiefbetrübt teilte Rickele es sofort Hase mit. Dieser war freilich, als ihm einmal bei einer Promenade

auf dem Wall der begleitende Gendarm das Mädchen zeigte, sehr von ihrer äußeren Erscheinung, die er bisher nur aus der Ferne gesehen hatte, enttäuscht. Sie hatte auch Hases Hund Ryno, der Ende Februar auf den Asperg kam, den aber der Staatsgefangene nicht halten durfte, unter ihren Schutz genommen. Rührend war das erste Wiedersehen zwischen Herrn und Hund, der fortan meist mitgetrottelt kam, wenn dem Gefangenen das Essen gebracht wurde. Rideles Freundschaft hatte übrigens Hase mit einem Oberlieutenant und einem dritten zu teilen, so daß jene meinte: J han drei Liebhaber, der eine will nimmer heiraten, der zweite sagt, er sei ein Weiberfeind, und der dritte treibt gar nur Possen. Doch hat sie später der Ober= lieutenant, als er Hauptmann wurde, geheiratet.

Eine Verteidigung, ein Rechtsbeistand ward den An= geklagten nicht zu teil. Nur Kolb hatte gestanden und alle Schuld auf sich genommen. Hart war das Erkennt= nis des Zivilsenats des Gerichtshofs in Eßlingen, welches am 29. Mai und 6. Juni eröffnet wurde. Wegen Teil= nahme an einer hochverräterischen Verbindung erhielten Kolb 4 Jahre, Mebold neben der Entsetzung von der Repetentenstelle 2½ Jahre, Gräter 4, Witt 2½, Scheurer 3½, Röbinger 3, Barbili 3½, Schäuf= felen 3¼, Wagner 2 Jahre, Hase neben Entsetzung von seiner Stelle 2 Jahre, Kraus 2, Tafel 2½ und Geßler neben Entsetzung von der Pfarrstelle 2 Jahre; ferner wegen entfernter Beihilfe zu jener Verbindung Kübel neben Entlassung von der Stelle eines Rechts= konsulenten 6 Monate und Petzold neben Entlassung von seiner Pfarrstelle 4 Monate Festungsstrafe mit an= gemessener Beschäftigung, endlich Liesching, der in Stuttgart den Deutschen Beobachter verlegt hatte, wegen Verschweigung und Begünstigung revolutionärer Umtriebe 6 Monate. Auch der Magister Leonhard Tafel (geb. 1800 in Sulzbach, † 1880 als Swedenborgianischer Bischof in New=York) wurde am 27. Mai 1825 wegen Teilnahme an der hochverräterischen Verbindung neben Entsetzung von der Stelle eines Vikars zu 1 Jahr Festungsstrafe verurteilt.

Wegen Mitwissenschaft erhielten zwei bisher nicht verhaftete Angeklagte: der Diaconus Karl Christian Heller in Möckmühl (geb. 1799 in Hohentwiel, † 1831) 14 Tage Gefängnis und der Rechtskonsulent Gottlob Friedrich Härlin († als Flüchtling in Zürich) 2 Monate Festungsarrest. Von dem Verdacht der Teilnahme an der Verbindung wurde der Referenbär Christian Friedrich August Tafel, der in Stuttgart in Haft saß, freigesprochen. Auch die gegen den Pfarrer Johann Gottlieb Stoll zu Korb (geb. 1798 in Stuttgart, † 1875) wegen Verdachts der Mitwissenschaft erhobene Anklage sollte bis auf nähere Anzeige ruhen.

Da Uhland als Verteidiger für unzulässig erklärt wurde, verzichteten alle Verurteilten auf das Recht der Appellation und unterwarfen sich dem Urteil. Am schwersten traf das Urteil Witt, den jüngsten von allen. Obgleich er nur 1¼ Jahre saß, hat die Gefangenschaft in seinen Gesundheitsverhältnissen nie ihre Spuren verwischt. Aber auch Kraus, der im Januar 1826 durch Strafnachlaß frei wurde, erkrankte am Ende seiner Leidenszeit an einer schweren Unterleibskrankheit, einer Folge seiner Gefangenschaft, in die er nur geraten war wegen des Eintritts in die verbotene Studentenverbindung und wegen Besuchs einiger Versammlungen, in denen bloß sehr Unbedeutendes zur Sprache kam.

Das Urteil erregte im Lande Aufsehen, und viel verbreitet wurde ein Bild in Steindruck, das die Gefangenen in 3 Gruppen darstellte. Seit dem 30. Mai durften die Gefangenen innerhalb der Festung frei herumgehen und es begann jetzt ein rechtes munteres Leben. Hase lernte seine Mitgefangenen kennen und ging mit ihnen am nächsten Sonntag zur Kirche. Besuche von auswärts waren in gewissen Grenzen gestattet. Der erste war die junge Frau des Pfarrers Pezold, der sie jedoch nur über den Festungsgraben sehen und grüßen sollte. Der

gutherzige Festungskommandant Freiherr Ernst Kechler
v. Schwandorf (geb. 1775, † 1828) fand indessen schon
am nächsten Tag den Ausweg, daß er, da dieses nicht
verboten war, Gefangene, wenn ihre Angehörigen kamen,
zu ihnen vor das Thor hinausließ. Auch kam bald die
Erlaubnis freieren Verkehrs. Während des Sommers
wurde dadurch Asperg ein beliebter Wallfahrtsort. Viele
in Tübingen zurückgebliebene Burschenschafter besuchten
namentlich in der Herbstvakanz die Asperger Freunde und
verbrachten mit ihnen ganze Nachmittage lustig im Freien.

Liberale Gönner schickten den Gefangenen, welche
das Landvolk die „Gogs auf dem Asperg" nannte, Fässer
Wein, so daß diese oft einen hübschen Vorrat im Keller
hatten. Während des Winters war in der Nähe des
Bäckerhauses ein Stück der Kasematten unter dem Wall
eingestürzt, wodurch sich eine weite Grotte, „die Räuber=
höhle", bildete. Hier, wo der Bäcker seine Mehlsäcke
stehen hatte, saßen die Gefangenen bei heißem Wetter
gerne Nachmittags in der Kühle. Dann wurde ein Faß
heraufgeholt und, wenn besonders liebe Gäste da waren,
mit einem Eichenkranz umwunden und munter gezecht.
Hier las auch Röbinger, der in Jena studiert hatte,
nach seinem Kolleghefte Ludens Geschichte der französischen
Revolution vor.

Öfters wanderte Prokurator Albert Schott von Stutt=
gart zu den jüngeren Freunden hinauf, mit ihm die Gattin
und die älteste, später mit dem Märzminister Römer ver=
mählte Tochter Libbi, welche Hase jeden Samstag eine
delikate runde Magenwurst, ganz in Blumen versteckt —
„die Venus in Rosen" — schickte. Nicht selten kamen
Schwestern und Bräute.

Die Regierung gab den Gefangenen täglich jedem
18 Kreuzer, wovon der kräftige, gemeinsame Mittagstisch
bestritten wurde. Die jüngeren Offiziere der Garnison
schlossen sich ihnen an, mit den älteren standen sie in
gutem Vernehmen. Man sagte später, durch diesen Um=

gang mit den gefangenen Studenten seien die ersten revolutionären Ideen in einen jungen Offizier, der 1825 auf den Asperg kommandiert wurde, gepflanzt worden: Ernst Ludwig Koseritz, von dem unten weiter zu reden sein wird. Abends mußten die Gefangenen um 10 Uhr jedes Licht auslöschen; da dieses sie in ihren Plaudereien und Zechereien störte und nur die Uhr auf dem Thor die Zeit angab, schlich sich bisweilen einer hinauf und stellte den Zeiger ein wenig zurück, worüber sich nur die Schildwache beklagte, daß die Stunde so lang sei. Je vier Gefangene erhielten einen Diener aus den Reihen der Sträflinge des Zuchthauses.

Zum Kommandanten gestaltete sich das Verhältnis aufs beste. Nödinger wurde dessen Ratgeber in einem wichtigen Zivilprozeß, Hase sollte Erzieher von dessen zehnjährigem Sohn, einem netten Bürschchen, werden. Fast machte der Gebieter sein Recht nur dann geltend, wenn er nötigend, noch ein Glas Wein zu trinken, sagte: „Etwas muß ich doch als Kommandant zu befehlen haben!" Gerne saßen Hase und Nödinger mit des Kommandanten Tochter Sophie (geb. 1807, † 1857 als Gattin des Generalmajors Freiherrn Ernst Friedrich Pergler v. Perglas), der „Wunderblume des Hohenasperg", in der Laube des Gartens im Festungsgraben. Ja Hase, dem sein Stubengenosse nicht behagte und der gerne allein sein wollte, durfte sich ein Gartenhäuschen auf dem Wall zur Wohnung mieten. Keiner der verurteilten Burschenschafter, welche alle um Verkürzung nachsuchten, hatte die ganze Strafzeit abzusitzen. Ein königliches Dekret vom 5. August 1825 erließ dem Kübel den Rest seiner sechsmonatlichen Strafe, Wagner drei Viertel seiner zweijährigen Strafe, Nödinger zwei Drittel seiner dreijährigen Strafe, Tafel die Hälfte seiner Strafe. Am 3. März 1826 wurde Tafel und Nödinger der Rest der Strafe erlassen. Witt verließ im August 1826 die Festung. Am 8. August 1825 traf die Begnadigung Hases und Barbilis ein. Barbili war, wie Scheurer und Gräter, begnabigt unter der Bedingung der Auswanderung nach Amerika, Hase mit dem Zusatz: er solle das Königreich verlassen, Stuttgart und Tübingen nicht berühren, sich nach der Heimat verfügen. Am 9. August verließ er den Asperg, kehrte jedoch noch einmal zurück und reichte ein Gesuch ein, bis zum Frühling freiwillig auf der Festung bleiben zu dürfen. Der Justizminister erwiderte, Hase müsse sich dann wieder für diese Zeit als Festungsgefangenen betrachten. So schied er denn, nachdem ihm der Kommandant einen Paß verschafft hatte, am Abend des 31. August. Der Abschied von all den guten Leuten, auch dem Rickele, war ergreifend. Am Thore sangen die Freunde, mit denen er sich noch am kühlen Wein aus dem Keller erlabt hatte, ein altes Volkslied parodierend, ihm nach:

>Ich armer Has, wie bin ich blaß!
>Ich komm dem Bauer nicht mehr ins Gras,
>Ich hab's bezahlt mit meiner Haut,
>Ich komm den Schwaben nicht wieder ins Kraut.

Dann winkten sie dem Scheidenden mit den Tüchern und feierlich schallte es herab:

>Freiheit, die ich meine,
>Die mein Herz erfüllt,
>Komm mit deinem Scheine,
>Süßes Engelsbild!

Barbili hatte Hase ins Stammbuch geschrieben:

>Was ist's, das in des Lebens Ungemach,
>Das in der Krankheit langen schweren Stunden,
>Das in des Kerkers stiller Einsamkeit,
>Treu schirmend uns zur Seite steht?
>Was ist's, das den Vertriebenen geleitet,
>Das ihm, wo auch die irre Barke landet,
>Der Seele sichrer, treuer Anker ist?
>Es ist des Herzens zeugendes Gefühl,
>Daß jetzo, was er sonst auch hat verschuldet,
>Er für sein Volk, für seine Liebe duldet.

Als letzter wurde Kolb nach zweijähriger Haft entlassen und wie die übrigen in den Besitz der bürgerlichen Ehre und Rechte zurückversetzt. Als er später einmal von Augsburg nach Stuttgart kam, ließ ihn König Wilhelm rufen und bemerkte im Lauf des Gesprächs, über das ganze Verfahren sich gleichsam entschuldigend: die Beziehungen zu Österreich und Preußen hätten ihn damals genötigt, die volle Schärfe des Gesetzes walten zu lassen.

## 1833—41.

Die Staatsgefängnisse auf Hohenasperg füllten sich bereits 1833 wieder.

Der Oberlieutenant des 6. Reiterregiments in Ludwigsburg, Ernst Ludwig v. Koseritz (geb. 1805 zu Gaisburg), hatte, wie bereits erwähnt, 1825 Umgang mit den gefangenen Burschenschaftern auf Hohenasperg gehabt. Durch die Julirevolution in Frankreich und den Polenaufstand erregt, stiftete er 1831 einen Geheimbund, welcher sich später dem in Frankfurt bestehenden Vaterlandsbund angliederte und dessen Endzweck war, mittelst einer Militärerhebung, unterstützt durch einen Bauernaufstand, sich der Person des Königs zu bemächtigen und die Republik in Württemberg auszurufen. In dem Feldwebel Samuel Lehr (geb. 1797), welcher zehn Männer aus dem Unteroffiziersstande für die Sache gewann, in dem Gürtler Christian Wilhelm Dorn, der in den Ludwigsburger Bürgerkreisen Anhänger warb, dem Buchhändler Friedrich Gottlob Franckh in Stuttgart (geb. daselbst 1802), welcher Geldmittel zur Verfügung stellte und die Verschwörung in die Residenz verpflanzte, endlich in dem Studierenden der Medizin Georg David Hardegg aus Eglosheim (geb. 1812, † 1879 zu Jaffa in Palästina), der die Verbindung mit der Tübinger Burschenschaft herstellte, gewann Koseritz eifrige Mitarbeiter. Bald erstreckte sich die Verschwörung durch das ganze Land. Aus Offizierskreisen beteiligten sich übrigens außer Koseritz nur zwei Angehörige der Ludwigsburger Garnison: Oberlieutenant Wilhelm **Naht** vom 5. Infanterieregiment (geb. 1806 in Weingarten, † 1860 als Gutsbesitzer in Stuttgart) und Unterlieutenant Friedrich **Reitter** vom 3. Reiterregiment (geb. 1800 in Stuttgart) sowie drei der Heilbronner Garnison: Unterlieutenant Karl Adolf **Becher** vom 4. Infanterieregiment (geb. 1807 in Kirchheim u. T.), Unterlieutenant Robert v. **Mülbenstein** vom 8. Infanterieregiment (geb. 1809 in Stuttgart) und Oberlieutenant Johann Rudolf **Benninger** (geb. 1800 in Isny.)

Eine von Koseritz zu Anfang des Jahres 1832 gestiftete Gesellschaft, die in der als „Räuberhöhle" bekannten Weinwirtschaft des Metzgers Häußler (Ortwein) unterhalb der Rose in Ludwigsburg zusammenkam, bildete den Mittelpunkt der Verschworenen. Weihnachten 1832 wurde auf einem allgemeinen Burschentag zu Stuttgart beschlossen, die Einheit auf dem Weg der Revolution zu erstreben und sich dem Vaterlandsverein in Frankfurt anzuschließen.

Koseritz schlug indessen an dem bestimmten Termin, 3. April 1833, nicht los. Die Regierung, die von den Umtrieben Wind bekommen hatte, schritt schon am 30. Januar und 1. Februar 1833 zur Verhaftung Harbeggs und des Apothekergehilfen Maier in Tübingen, welche im November und Dezember 1832 die Bauern in Wankheim, Möhringen, Kusterdingen und Kirchentellinsfurth aufzuwiegeln versucht hatten, sowie am 9. Februar zu der **Franchs** in Stuttgart. Es folgte im Mai die Verhaftung des Reallehrers Ernst Friedrich **Kauffmann** in Ludwigsburg, des Lithographen **Malté** in Stuttgart, des Gärtners **Schmidlin** daselbst, am 1. Juni die des Malers **Groß** und des Gürtlers **Dorn** in Ludwigsburg, endlich am 7. Juni die von Koseritz selbst. Auch Rechtskonsulent **Schreiber** in Heilbronn wurde in Haft genommen, desgleichen der Hut- und Siebmacher **Kammerer**, die beiden Goldarbeiter **Krauß**, Architekt **Weihenmaier** in Ludwigsburg, Lithograph **Schertlen**, Bauer **Unz** u. a. Gegen die Tübinger Burschenschaft schritt man jetzt gleichfalls ein. Diese hatte am 6. Juni 1833 ein Fest zur Erinnerung der Pariser Junischlacht abgehalten, das mit einem Krawall endigte. Vierhundert Mann Infanterie rückten in Tübingen ein, die Burschenschaft wurde aufs neue verboten, sämtliche aktive Mitglieder verhaftet. Einige waren schon Anfang Juni in die Schweiz geflohen.

Am 11. Juni 1833 berichtete die Schwäbische Chronik: „Die zum Teil schon längere Zeit in Tübingen Verhafteten, sowie mehrere, welche hier in Stuttgart saßen, sollen nach der Festung Asperg gebracht worden sein, wo die Untersuchung durch den Kriminalrichter von Stuttgart, Oberjustizrat Bechter, fortgeführt wurde."

Die Untersuchung auf dem Asperg und in Tübingen zog sich, für uns unbegreiflich, in die Länge, sie dauerte vierthalb Jahre. Bald wurden Gefangene aus der Untersuchungshaft entlassen, so am 28. Juni zwei Stuttgarter Bürger, auch Kauffmann, der 1835 wieder verhaftet und auf den Asperg geschafft wurde, gegen Kaution, und nochmals verhaftet mit Hilfe einflußreicher Freunde gegen erhöhte Kaution freigelassen; bald wurden neue in Haft genommen, so im August 1833 Lithograph Schertel und Rechtsanwalt Gottlob Tafel, Redakteur des Beobachters, auf den Asperg geführt, ebenso am 19. September 1833 Rechtskonsulent Röbinger in Stuttgart.

Im Koseritzschen Prozeß ging es rascher, das Urteil wurde am 23.—31. März 1835 gefällt. Das Militärrevisionsgericht verurteilte Koseritz, wegen Hochverrat und einer zu diesem Zweck unter dem Militär angezettelten, auf einen Militäraufstand gerichteten Meuterei, nach vorgängiger ehrloser Kassation zur Todesstrafe durch Erschießen; Lehr als besonders thätigen Gehilfen bei Einleitung und Ausbreitung der Meuterei, nach vorgängiger Degradation, zur schimpflichen Ausstoßung aus dem Militär und Todesstrafe durch Erschießen. Ferner wurden als Teilhaber an der Meuterei wegen vorsätzlicher Nichthinderung des Verbrechens und anderer zur Kenntnis gekommener staatsgefährlicher Umtriebe 2c. Naht zur Kassation und vierjährigem strengen Festungsarrest, Reitter und Becher zur Kassation und zweieinhalbjährigem strengen Festungsarrest, v. Mülbenstein zur Kassation und zweijährigem strengen Festungsarrest verurteilt; Benninger erhielt wegen Teilnahme an der Meuterei durch vorsätzlich unterlassene Anzeige Entlassung ohne Abschied und sechsmonatlichen strengen Festungsarrest. Endlich erhielten wegen Teilnahme an der Meuterei teils Festungsarbeits=, teils Arbeitshaus und andere Freiheitsstrafen von sechs Wochen bis zu fünf Jahren, mit und ohne Ausstoßung aus dem Heer oder Degradierung, die Unteroffiziere: Friedrich Essich von Tübingen, Johann Gottlieb Pallmer von Weiler, O.A. Schorndorf, Johann Andreas Krafft von Lauffen a. N., Jakob Friedrich Zucker von Metterzimmern, Johann Stephan Bellon von Schönenberg, Georg Friedrich Breckle von Rommelsbach, Friedrich Jung von Vaihingen a. E., Christoph Jakob Krafft von Lauffen, Christoph Keller von Urach und der Stabsfourier Philipp Jakob Ritter von Oberkessach.

König Wilhelm hatte mit dem zum Tode verurteilten Koseritz im Gefängnis eine Unterredung. Um sein Leben zu retten, gab er auf einem Zettel, den er dem König überreichte, die Namen weiterer Verschworener an. Edlen Sinnes vernichtete aber der König den Zettel und bewahrte so viele Familien vor schwerem Unglück. Übrigens bestätigte der König am 20. April das Urteil, erließ aber die Todesstrafe. Am 24. April fand auf dem kleinen Exerzierplatz in Ludwigsburg die Publikation desselben statt. Es wurde zum Laden und Fertigmachen kommandiert. Im letzten Augenblick ward die königliche Gnade verkündigt. Koseritz und Lehr wurden durch Gendarmen nach Bremen eskortiert und von dort, vom König mit Geldmitteln versehen, nach Amerika eingeschifft. — Ein Volkslied sang:

Als „Erbe", nicht als Koseritz,
Nahm er im Schiffe seinen Sitz

Und büßt die Schuld im fremden Land
Als saurer Essigfabrikant.

Letzteres scheint dichterische Erfindung, wenn auch das Ende des Verschwörers bisher nicht sicher festzustellen ist. (Er soll im August 1838 in Amerika in einem Spital am gelben Fieber, nach andern bei einer Expedition gegen die Indianer gestorben sein.) Lehr kehrte 1848 wieder in die alte Heimat zurück und war eine Zeit lang in einer Sammetbandfabrik in Reutlingen beschäftigt. Im Juli 1855 verließ er Ludwigsburg, um zum zweitenmale, unterstützt von Gönnern und öffentlichen Kassen, sein Glück in Amerika zu suchen.

Die anderen Verurteilten und Stabsfourier Ritter wurden als Gefangene nach Hohenasperg geführt, die Unteroffiziere in die Militäranstalt nach Stuttgart abgeliefert. Einer der verurteilten Offiziere, Robert v. Mülbenstein, war 1849 bis 1850 Kommandant der Stuttgarter Bürgerwehr, starb 1877. Adolf Becher spielte später im Jahre 1849 noch eine Rolle. Am 29. Mai präsidierte er der Wehrversammlung in Reutlingen, starb als Buchhändler in Stuttgart.

Am $\frac{\text{31. Dezember 1836}}{\text{7. Januar 1837}}$ erfolgte endlich die Eröffnung des durch den Kriminalsenat des Gerichtshofs für den Schwarzwaldkreis in der Untersuchungssache gegen die Studenten vor dem Oberamtsgericht in Tübingen 17. Dezember 1836 erkannten Urteils. Wegen entfernter Teilnahme an dem Versuch eines die Selbständigkeit des Staates gefährdenden Aufruhrs erhielten von 18 Monaten Festungsstrafe bis herunter zu vier Wochen Festungsarrest:

1. Stud. theol. Karl Friedr. Jäger aus Stuttgart († 1880 als vormaliger Professor in Ludwigsburg); 2. stud. theol. Adolf Helfferich von Schafhausen, OA. Böblingen († 1894 in Kennenburg als vormaliger Professor an der Universität Berlin); 3. stud. theol. Ab. Schliz von Heilbronn († 1877 als Arzt daselbst); 4. stud. theol. Fr. Gottlob Fink von Sindelfingen

(† als Litterat in Stuttgart); 5. stud. jur. August Schliz von Mergentheim († als Rechtsanwalt in Pfitzingen, OA. Mergentheim); 6. stud. med. Theobor Mögling von Brackenheim (Freischarenführer in Baden 1849, dafür 7 Jahre im Zellengefängnis Bruchsal, † 1867 zu Göppingen); 7. stud. theol. Christian Heinrich Schnell von Riedbach († 1894 als pensionierter Dekan von Bretten); 8. stud. jur. Hermann Kern von Stuttgart († als Oberamtsrichter in Oehringen); 9. stud. cam. Emil Majer von Stuttgart († als Regierungspräsident a. D. in Ulm); 10. stud. jur. Adolf Krauß († 1884 in Stuttgart als Senatspräsident a. D.); 11. stud. jur. Wilhelm Hochstetter von Sindelfingen († als Rechtsanwalt in Stuttgart); 12. stud. theol. Ed. Scholl von Urach († als Agent in Gmünd); 13. stud. jur. Julius Steudel von Ulm († 1875 in Rottweil als Direktor des Kreisgerichtshofs); 14. stud. med. Emil Auerbach von Norbstetten († als Arzt in Stuttgart); 15. stud. jur. Ad. Arnold von Balingen († als Oberjustizrat in Ulm); 16. stud. theol. Emil Essich von Stuttgart († als Pfarrer zu Beihingen bei Ludwigsburg); 17. stud. jur. Georg Römer von Stuttgart († 1880 als Kultministerialdirektor); 18. stud. jur. Leopold Kaulla von Stuttgart († 1886 daselbst als Geh. Hofrat und Hofbankdirektor).

Außerdem erhielten wegen durch einen höhern Grad der Verschuldung erschwerter Teilnahme an einer verbotenen Studentenverbindung 10 bis 6 Wochen Festungsarrest:

19. Stud. med. Alexius Baumann aus Frankfurt, der bemnach aus der Schweiz zurückgekehrt war und sich gestellt hatte; 20. stud. theol. Berthold Auerbach aus Norbstetten, der Dichter; 21. stud. med. August Brock von Hirschlanden († als Arzt in Großingersheim); 22. stud. jur. Chr. Fr. Hoffacker († als Stadtschultheiß in Winnenden); 23. stud. theol. Ludwig Friedrich Hoffacker von Hegenlohe († als Pfarrer in Beutelsbach); 24. stud. cam. Heinrich Schnell von Neuenbürg; 25. stud. jur. Jos. Dopfer von Hemmendorf; 26. stud. med. Wilh. Fetzer von Stuttgart († als Arzt daselbst); 27. stud. cam. Ludwig Kern von Stuttgart († als Regierungsrat).

Damit war aber die Reihe der Verurteilten noch lange nicht erschöpft; es wurden weiter im Januar 1838 bestraft:

1. der suspendierte Präzeptor Ernst Friedrich Kauffmann (geb. 27. Nov. 1803 in Ludwigsburg, † 11. Febr. 1856 in Stuttgart) mit Entsetzung von seinem Amt und halbjähriger Festungsstrafe; 2. der Architekt Ferdinand Weihenmaier in Ludwigsburg mit 4½jähriger Festungsstrafe; 3. der Bäcker Gottlieb Friedrich Schwarz mit einer 3jährigen Festungsstrafe; 4. Johannes Schertlen, Lithograph aus Ulm, mit 2½jähriger Festungsstrafe; 5. Friedrich Himmelreich, Kaufmann in Ludwigsburg, mit 1jähriger Festungsstrafe; 6. der Gärtner Eduard Schmidlin in Stuttgart († als Pächter des Gießbachhotels bei Interlaken) mit 6monatlicher Festungsstrafe; 7. der Goldarbeiter Friedrich Wilhelm Krauß in Ludwigsburg mit 1jähriger Festungsstrafe; 8. Jakob Friedrich Kammerer, Hut- und Siebmacher in Ludwigsburg († daselbst 1857) mit einer 3jährigen Festungsstrafe.

Der zuletzt Genannte entzog sich der Strafe durch die Flucht. Am 10. Juli war bereits vom Oberamtsgericht Ludwigsburg gegen den Flüchtigen Beschlagnahme seines Vermögens angeordnet. Er kann daher nicht, wie da und dort zu lesen ist, „als Festungsarrestant auf Hohenasperg die geräuschlosen Streichzündhölzer erfunden" haben, ist vielmehr schon früher einer der verschiedenen gleichzeitigen Erfinder der jetzt unentbehrlichen Streichhölzer gewesen. Ein anderer Ludwigsburger, Friedrich Himmelreich, trat dagegen die Strafe an und war am 18. April 1838 bereits auf dem Hohenasperg. Von den weiteren Verurteilten ging Friedrich Krauß nach Abbüßung der Strafe nach Amerika, wo er gestorben ist. Es erhielten ferner:

9. Kaspar Unz, Bauer auf dem Egartenhof, OA. Vaihingen, 1½jährige Festungsstrafe; 10. stud. med. Gustav Widenmann aus Ludwigsburg 4 Monate; 11. Friedrich Dehm, Schustergeselle von Unterweissach, OA. Backnang, 6 Monate; 12. Wilhelm Heinrich Herrlinger, Gutsbesitzer in Großgartach, OA. Heilbronn, 2 Monate Festungsarrest.

Alle diese unterwarfen sich dem Urteil. Dagegen erhoben den Rekurs:

13. Buchhändler Gottlob Franckh in Stuttgart; 14. stud. med. Georg David Harbegg; 15. Gürtler Christian Wilhelm Dorn; 16. Maler Friedrich Ludwig Groß in Ludwigsburg; 17. der suspendierte Rechtskonsulent Ernst Schreiber in Heilbronn; 18. der Apothekergehilfe Gottlieb Heinrich Mayer von Ludwigsburg; 19. Goldarbeiter Albert Krauß in Ludwigsburg; 20. Lithograph Franz Malté in Stuttgart, die wegen im Komplott versuchten Hochverrats von 6½ bis 15 Jahre Zuchthaus, endlich 21. Gottlob Friedrich Fieß, Gutsbesitzer in Hemmingen, OA. Leonberg, der wegen Verbreitung der revolutionären Flugschrift „Eins ist not" in volksaufwieglerischer Absicht 6 Monate Festungshaft erhalten hatte.

Am 29. Januar 1839 entschied der Kriminalsenat des Obertribunals über die eingelegten Rekurse. Albert Krauß wurde wegen im Komplott versuchten Hochverrats zu 4½ Jahren Festungsstrafe verurteilt. Er ward nach Abbüßung der Strafe Pächter des Hofes Lichtenberg, ging nach Amerika und fiel im Kriege, tapfer kämpfend, für die Sache der Sklavenbefreiung.

Mayer erhielt wegen Hochverrats und versuchter Beihilfe zur versuchten Entweichung Gottlob Franckhs 4½ Jahre Festungsstrafe. Ferner wurden die Rekurse von Rechtskonsulent Gottlob Tafel und Fieß verworfen und beide zu 6 Monaten Festungsstrafe verurteilt. Franckh erhielt 9 Jahre Zuchthaus, ebenso Harbegg; Schreiber und Malté 6 Jahre, Groß 5 Jahre Zuchthaus. Franckh vertauschte 1844 das Zuchthaus mit der Anstalt für Geisteskranke in Winnenthal, wo er am 23. September 1845 starb, nachdem ihn ein Lungenleiden rasch der Auflösung entgegengeführt hatte.

Durch diese Urteilssprüche erhielt der Asperg im Januar 1837 wieder eine stattliche Reihe unfreiwilliger Bewohner: 5 Offiziere, 1 Stabsfourier, 27 Burschenschafter und 15 sonstige Zivilisten.

Die Behandlung war nach dem Willen König Wilhelms I. human. Kauffmann hatte z. B. sein Klavier bei sich und mehrere seiner schönsten Tondichtungen entstanden auf dem Asperg. Freunde, David Friedrich Strauß und andere, auch Frau und Kinder durften ihn besuchen.

Über das Leben der eingekerkerten Studenten erfahren wir Näheres durch einen Brief von Adolf Helfferich, dem Sprecher der Burschenschaft, dem der Tübinger Untersuchungsrichter und der Referent am dortigen Gerichtshof das Zeugnis gegeben hatte: Der durch seine Bescheidenheit persönlich liebenswürdige Mensch von nicht geringem Talent, der gewiß nichts weniger als zu einem Hochverräter geschaffen sei, habe seinen Edelsinn schon darin bewährt, daß er mehr darauf bedacht sei, für andere zu sprechen, als die eigne Schuld zu verringern.

Er schreibt: „Endlich bin ich am Ziele meiner längst gehegten Wünsche... Jäger hat die höchste Strafe von eineinhalb Jahren und ist somit im zweiten Grade, der bedeutend schärfer ist als der erste, welcher bis zu einem Jahr geht. Ich als der zweitbesteuerte habe gerade ein Jahr, somit noch den ersten Grad, und bin mit Krauß, Steudel und Kern auf einem Zimmer und zwar sehr vergnügt. Wir werden als Leute von Bildung mit ungemein viel Höflichkeit behandelt. Die Beschränkungen sind unbedeutend, das Zimmer nicht abgeschlossen, so daß alle Gefangenen des ersten Grades zusammenkommen, wann sie wollen. Die Kost ist einfach: Gemüse und Fleisch, zweimal wöchentlich kein Fleisch; außerdem darf man täglich 12 Kreuzer konsumieren. Alles das ist jedoch sehr teuer und ich mußte zum Einstand eine bedeutende Summe deponieren. Ich bin in der That sehr vergnügt, besonders über die Gelinde des Kriminalsenats des Tübinger Gerichtshofs. Mein Leben hat in der That eine romantische Färbung, nicht den monotonen Charakter politischer Gefangener. Wenn einer Eurer Jungen ungezogen ist, schickt man ihn zu seinem Oheim, da ist's recht schön und mores kann man ihn auch lehren! Die Soldaten haben es erbärmlich schlecht, sie desertieren in Scharen. Tausendmal lieber Bewachter als Bewachender. Wenn Ihr schon gemetzget habt und den Schlafrock und einige Würste beilegen wolltet, so würde es mich sehr freuen, das wird billig angeschlagen und erfreut des Menschen Herz. Wie gesagt, unsre Behandlung ist die humanste. Frankieren kann ich nicht, weil es an den 12 Kreuzern abgezogen wird. Die Briefe werden von dem Kommando nicht gelesen." Beschäftigt war Helfferich mit den andern, neben der Vorbereitung auf sein Examen, mit Übersetzungen für den „mitverschworenen" Buchhändler Franckh.

Berthold Auerbach, der am 8. Januar die Strafe antrat, wäre, wenn ihm nicht der Buchhändler J. Scheible 200 fl. Vorschuß auf seinen noch nicht vollendeten Roman Spinoza gezahlt hätte, dazu verurteilt gewesen, die Strafzeit in den Kasematten bei Gefangenenkost zuzubringen. So aber konnte er sich ein Zimmer mieten und sich selbst verpflegen, durfte auch innerhalb der Festung umhergehen. Im Februar schickte ihm eine Freundin, die ihn besucht hatte, ein Schächtelchen mit Schleckereien „zur Versüßung seiner Einsamkeit".

Am 8. März 1837 schied er von dem Berg, im September folgte ihm Steudel, zu Ende des Jahrs Mögling, im Januar 1838 Helfferich. Für Kauffmann öffneten sich die Thore der Festung erst als König Wilhelm I. auf sein Regierungsjubiläum am 25. September 1841 bestimmte: „allen denjenigen, welche seit Unserem Regierungsantritt wegen politischer Verbrechen zu gerichtlichen Strafen verurteilt worden oder wegen solcher noch in gerichtlicher Untersuchung sind, sowie deren Mitschuldige wird hiemit kraft dieser Amnestie vollkommene Begnadigung und Abolition erteilt. —

Eine Reihe von Jahren vergingen, ohne daß der Asperg Staatsgefangene in seinen Mauern sah. Gustav Diezel, der in den ersten 1840er Jahren wegen eines Preßvergehens den Asperg 4 Wochen bewohnte, schreibt über denselben: „Die dumpfigen Kerker sind größtenteils verschwunden und den Gefangenen werden geräumige Zimmer angewiesen, in denen sich alle Bequemlichkeiten des Lebens zu verschaffen nach dem Gesetze niemand verwehren kann. So fing ich den Tag damit an, daß ich mich in das meinem Fenster gegenüberliegende Wirtshaus verfügte. Die artige Tochter des Hauses, mit weißem Teint, schwarzen Haaren, schwarzen lebhaften Augen, kam mir im Morgenanzug schalkhaft kokettierend entgegen." Welch anderer Empfang, als derjenige, welcher 1777 Schubart bei seiner Ankunft zu teil wurde!

## 1848—50.

Die Revolutionsjahre 1848 und 49 bevölkerten, wie leicht zu begreifen, die Festungsräume wieder mit Untersuchungs- und Strafgefangenen.

Die Reihe eröffnete ein Heilbronner Litterat: Adolf Majer (geb. 1822 in Stettenfels), Redakteur der Zeitung „Neckardampfschiff". In öffentlicher Versammlung hatte er den gewaltsamen Umsturz der bestehenden Regierung, die Einführung der Republik gepredigt, hatte auch Bauern und Bürger in Flein, Gruppenbach und Neckarsulm aufzuwiegeln versucht. Am 1. April deshalb vor das Oberamtsgericht gefordert, erschien er mit geladener Pistole und erklärte, sich nicht verhaften zu lassen, indem er den ihn begleitenden Polizei- und Gerichtsdienern die Pistole entgegenhielt. In der Nacht wurde er jedoch von den Nachtwächtern eingeliefert und von dem Oberamtsrichter Rümelin aus der Stadt entfernt. Wegen Vorbereitungshandlungen zum Hochverrat und wegen Widersetzung gegen untergeordnete Diener der Obrigkeit wurde er 5. August zu einer Festungsstrafe von 3 Jahren 7 Monaten verurteilt, die Strafe aber auf 2 Jahre Festungsarrest durch königliche Gnade herabgesetzt. Schon am 8. Oktober 1848 ging das Gerücht von seiner Flucht aus dem Strafort. Indessen brach er erst am 18. Februar 1849 nachts aus seinem Arrest auf Hohenasperg aus. Ihm folgte ein Steckbrief, ausgestellt am 19. Februar von dem interimistischen Festungskommandanten Karl Friedrich von der Lancken († 1872 in Cannstatt). Majer entkam glücklich, erschien am Pfingstmontag 1849 keck auf einer Obernborfer Volksversammlung, ging dann nach Baden, bildete dort mit dem Ulmer Redakteur Bernhard Schifterling die württembergisch-deutsche Legion. Mit dieser, 60—70 Mann, von denen die meisten mit Sensen, etwa 20 mit Büchsen bewaffnet waren, am Tschako statt der Regimentsnummer einen Totenkopf, einen solchen auch auf der roten Fahne hatten, fiel er in der Nacht vom 1.—2. Juli 1849 von Villingen aus in Württemberg ein, bedrohte 3. Juli Rottweil und von bort vertrieben Sigmaringen, 6. Juli Meßkirch, entkam dann in die Schweiz und wurde 7. Februar 1852 zu lebenslänglichem Zuchthaus in contumaciam verurteilt.

Der 48er Märzsturm hatte auch in der Feuerseele des im Tübinger Stift studierenden, hochbegabten Adolf Bacmeister von Eßlingen († in Stuttgart 24. Februar 1873) den Entschluß angefacht, die Fesseln, von denen er sich gebunden fühlte, zu zerreißen: in der Nacht vom 13. auf den 14. März entwich er, floh in die weite Welt hinaus und war am 16. in Straßburg. Kaum, daß er hier angefangen, als heimatloser Flüchtling „Menschen zu studieren", wie er schrieb, da kamen aus Paris die deutschen Republikaner; Herwegh und Bornstedt setzten mit ihnen über den Rhein, auch Hecker und Struve sollten zu ihnen stoßen. In begeistertem und damals noch ganz republikanisch gefärbtem Patriotismus und unklarer, gärender Hoffnung einer neuen Zeit des politischen Heils, die für das Vaterland anbrechen sollte, schloß Bacmeister sich an den ersten deutschen Freischarenzug in das badische Oberland an, kam am 27. April in das Gefecht bei Dossenbach, wurde dort gefangen genommen und am 1. Mai in das Zellengefängnis nach Bruchsal, am 17. Juli auf den Hohenasperg gebracht. Ein riesiger Fleiß bezeichnete die Tage seiner Gefangenschaft. Noch in Bruchsal erfreute ihn ein verzeihender Brief seines Vaters, auf dem Asperg gar ein Besuch desselben; im August kehrte er, versöhnt mit seinem Schicksal und hoffnungsvollen Blickes in die Zukunft, nach Eßlingen in das Vaterhaus zurück. „Wenn man alles bedenkt," schreibt er noch von der Festung aus am 7. August, „so ist das doch ganz seinen rechten, soliden, natürlichen Lauf gegangen. Das ist gewiß, daß ich in diesem Sommer mehr gearbeitet habe, als ich in Tübingen gethan hätte." In das Album von Hohenasperg aber schrieb er:

Auf jedem Schlosse fast, das halbverfallen
Vom Berge schauet, legt der Kastellan
Ein Album auf den Tisch dem Wandersmann —
Mein Name steht, soweit ich kam, in allen.

Jüngst führte mich auf Asperg meine Bahn;
Es will mir, traun, da oben schlecht gefallen,
Doch bietet selbst in diesen finstern Hallen
Der Kerkermeister mir ein Album an.

Doch keine Zeile wollte mir gelingen.
Sonst flossen doch mir immer die Sonette;
Unmutig warf ich meine Feder nieder:

Im Kerker kann ich keine Lieder singen,
Erst brecht mir auseinander meine Kette!
Dann wallt entfesselt auch der Strom der Lieder.

Im September 1848 bezog den Asperg der Cafetier Gustav Werner (Affen-Werner) von Stuttgart, der in Reutlingen verhaftet worden war. Er wurde am 13. November 1849 gegen Kaution frei. Am 29. September 1848 kam dann der Glasfabrikant Gottlieb Rau von Gaildorf, der sich nach seinem mißglückten Versuch, in Rottweil einen Zug zu einer bewaffneten Riesenversammlung am Cannstatter Volksfest zu veranstalten, am 28. September in Oberndorf freiwillig gestellt hatte, früh vor 6 Uhr in Begleitung eines Gerichtsbeamten und zweier Landjäger auf dem Asperg an. Im Dezember ließ man ihn gegen eine Kaution von 1000 Gulden in die Schweiz reisen.

Seit Oktober war ein eigenes Untersuchungsgericht auf dem Asperg bestellt, geleitet von dem provisorischen Oberamtsrichter Kern, demselben, der oben S. 70 genannt ist. Er blieb bis Dezember 1849 oben, denn im Sommer dieses Jahres erfolgten Einlieferungen ohne Aufhören.

An Pfingsten 1849, 27. und 28. Mai, hatten nämlich „Abgeordnete der Vereine, Gemeindekollegien und der Bürgerwehren des Landes" in Reutlingen eine Volksversammlung veranstaltet, die angesichts der Niederwerfung der Revolution in Baden, der Pfalz und Sachsen durch preußische Truppen einen Reichskrieg gegen den Reichsfeind Preußen durch das zu bewaffnende ganze Volk verlangte und weitgehende Forderungen für das ganze Staatsleben stellte. Die Regierung ließ einen Hauptredner der Versammlung, den Agitator vom Bodensee, Joseph Fickler von Konstanz († daselbst 1865), der in Stuttgart das Militär mit Geld für die badische Sache gewinnen wollte, am 2. Juni verhaften und auf den Asperg bringen. König Wilhelm kam am 27. Juni selbst auf die Festung, um ihn zu sprechen. Gegen Kaution entlassen wurde Fickler 1852 als abwesend zu sechs Jahren Gefängnis verurteilt. Es ist unmöglich, alle wegen der Teilnahme an der Reutlinger Versammlung auf den Asperg Gebrachten und hernach im sogenannten Becherschen Prozeß Abgeurteilten aufzuzählen. Nicht wenige von den Schwerstbeschuldigten hatten sich der Verhaftung durch die Flucht entzogen, darunter Karl Mayer, Ludwig Pfau, Adolf Weisser, Johs. Scherr. Andere durften auf freiem Fuße die Aburteilung erwarten. Von den auf kürzere oder längere Zeit Eingezogenen, worunter alle Landesteile und fast alle Stände und Berufsarten vertreten waren, seien nur genannt: die Schriftsteller und Redakteure: Theodor Griesinger von Stuttgart und Gustav Heerbrand von Reutlingen; die Lehrer: Rektor Schnitzer und Professor Kapff von Reutlingen, Volksschullehrer Letzer von Grünmettstetten, Pfäfflin von Römlinsdorf, Härter von Heilbronn, Wucherer von

Freudenstadt, Schömperle von Klosterreichenbach; die Studenten: Rapp von Trossingen, Schatz von Offingen; die Ärzte: v. Lentz von Tettnang, Rößler von Brackenheim, Mayer von Obernborf, Wiebersheim von Freudenstadt; die Apotheker und Chemiker: Mayer von Neckarsulm, Mayer und Kurz von Heilbronn, Bauernfried von Sulz; die Gemeinde- und Amtskörperschaftsbeamten: Sträßle von Rieblingen, Winterle von Nürtingen, Steußing von Lienzingen; Buchdrucker: Richter von Cannstatt, Pfähler von Öhringen, Ruoff von Heilbronn; Kaufleute und Fabrikanten: Ammermüller von Tübingen, Böhringer von Buhlbach, Möller und Gröber von Rieblingen; Gutsbesitzer: Benkiser von Herrenalb, Raht von Aglishardt (der frühere Koseritzer); Wirte: Gustav Werner von Stuttgart, Naumann von Ulm, Nüßle von Blaubeuren; ein Geistlicher: Elsenhans von Klosterreichenbach; ein Adeliger: Graf Uxkull, Oberförster in Sulz. Wie diese beiden letztern, so sind von denen, die in Amt und Würden standen, weitaus die meisten hernach wieder in solche eingesetzt, nicht wenige aufrichtige Freunde des auf ganz anderem Wege, als sie damals meinten, geeinigten neuen Deutschland geworden.

Man sieht, es muß in den Jahren 1849 und 50 auf Hohenasperg wie in einem großen Hotel in der sogenannten Hochsaison zugegangen sein: täglich neue Gäste, lebhafteste Unterhaltung. Die Hausordnung für die Untersuchungsgefangenen war nicht sehr streng. Sie wurden auf einem Teil des Walles, den zu betreten den Festungsarrestanten verboten war, täglich spazieren geführt. Dieses ermöglichte die **Flucht** zweier derselben.

Am 3. Juli war in Sulz der Reichstagsabgeordnete von Öls in Schlesien Gustav Adolf Rößler (geb. 1818), der von der „Reichsregentschaft" mit geheimen Aufträgen nach Württemberg geschickt war und zur Unterscheidung von dem vorhin genannten Dr. Rößler von seiner gelben Kleidung den Namen Reichskanarienvogel führte, verhaftet worden. Es gelang ihm, rechtzeitig noch seine Papiere zu vernichten. Am 6. Juli kam der Verhaftete auf dem Asperg an. Nach längern Verhören, die nichts gegen ihn ergaben, wurde er am 9. Oktober gegen Kaution freigelassen, aber am 28. Dezember wieder im Hause des Pfarrers Hopf zu Hohenhaslach verhaftet. Er sollte, wie sein Mitgefangener Schnitzer am 2. Februar schrieb: „an Preußen ausgeliefert werden; sein Gesuch um Nichtauslieferung wurde vom König abschlägig beschieden, worauf er beim König darum einkommen wollte, nach Amerika von hier auswandern zu dürfen." Er saß im Februar in derselben Zelle mit Gottlieb Rau von Gailborf. Seine Lage wurde immer gefährlicher, da im Fall seiner Auslieferung an Preußen ihm Todesstrafe drohte. Es galt daher, Zeit zu gewinnen, um die Flucht vorzubereiten. Wie diese bewerkstelligt wurde, hat Rößler selbst in einer Zeitung der Stadt Löbau in Sachsen spannend erzählt. Zunächst appellierte er an das Obertribunal in Stuttgart, welches aber die Auslieferung bestätigte nur unter der Bedingung, daß er nicht in Preußen wegen der Teilnahme an der Reichsversammlung in Stuttgart gerichtlich verfolgt werden dürfe. Da die Zeit noch nicht ausreichte, so erklärte er, sich nun an das königlich preußische Justizministerium um Zurücknahme der Requisition wenden zu wollen, und ließ auch den 16. noch diese Schrift abgehen, deren Beantwortung er jedoch nicht abzuwarten gedachte. Seiner gleich von Anfang beschlossenen Flucht standen nämlich ungemeine Hindernisse entgegen. Er saß mit Rau von Gailborf zusammen im festesten Zimmer von Hohenasperg, wo an sich schon ein Ausbruch kaum denkbar war, und der Aufseher revidierte täglich Gitter, Dielen, Wände und Schlösser. Ferner war Rößler den ganzen Januar hindurch so krank, daß er fast gar keine Speise genießen konnte, so daß er für größere Anstrengungen, wie klettern oder weit laufen, sich zu schwach fühlen mußte. Es war ihm zwar gelungen, durch schon früher verabredete Mittel

eine Korrespondenz durch die Hände des Untersuchungs=
richters zu eröffnen, welche beim unschuldigsten Äußern
es ihm möglich machte, seine Pläne und Sachen nach
außen gelangen zu lassen. Aber unglücklicherweise war
der Schlüssel dazu braußen nicht brauchbar, und die Nach=
lässigkeit eines Freundes draußen verzögerte alles um
mehr als vier Wochen; auch andere Berechnungen schlugen
fehl wegen der zu großen Vorsicht solcher, die früher eine
Mitwirkung zugesagt hatten. Endlich entschloß sich Röslers
junge Frau von 18 Jahren, kaum erst aus dem Wochen=
bett erstanden, die Sache selbst in die Hand zu nehmen,
und auch den letzten Rest der geretteten Unterhaltsmittel
und ihre eigene Freiheit daran zu setzen. Sie zog nach
Ludwigsburg, eine Stunde von Asperg, und hatte binnen
acht Tagen die Sache so rasch und klug betrieben, daß
der Versuch unternommen werden konnte. Rösler wurde
mit Geld, Waffen und Pässen versehen und der von ihm
ausgedachte Plan pünktlich vollzogen. Da an ein Aus=
brechen aus dem Zimmer nicht zu denken war, so konnte
nur die Stunde des Spazierengehens gewählt werden,
freilich am hellen Tage von 11 bis 12 Uhr, im Ange=
sichte dreier Schildwachen, des begleitenden Unteroffiziers
und der Fenster der Aufseherwohnung. Die Tiefe der
Gräben und die Höhe der Mauern machten natürlich eine
solche That undenkbar. Die Gefangenen haben für ihren
Spaziergang einen Raum von etwa 200 Schritten vor
der Aufseherwohnung und längs dem innern Graben,
welcher zwischen 20 und 30 Fuß tief ist; der äußere
Graben ist von innen aus an den meisten Stellen
30 bis 40, an einigen 40 bis 50, an einer Stelle aber
nur etwa 26 Fuß tief; von außen umgiebt ihn ein Pappel=
gang, 15 Fuß höher als der Graben, und dann fällt der
Kegel sehr steil in Weinbergsgeländen gegen die Eisen=
bahn und das Dorf Asperg hinab. Nur 20 Schritte von
den Fenstern des Aufsehers und vom Schilberhäuschen
überbrückt eine hohe Bastei den innern Graben, welcher

zu Ziergärten eingerichtet ist, und in welchen von dieser Bastei aus eine kleine Gartenthür und Gartentreppe hinabführt. Eine zweite Thür und ein gewölbter Gang führen unter der Bastei durch in einen andern Teil des innern Grabens und aus diesem wieder eine Treppe hinauf zu einem kleinen Pavillon, der auf der Trennungsmauer zwischen beiden Gräben steht, gerade wo sie am niedrigsten ist, und so dicht an der hohen Bastei, daß diese Stelle von innen aus nirgends ordentlich bestrichen werden kann, wenn nicht außerordentliche Aufmerksamkeit da ist. An dieser Stelle also konnte an der Mauer ganz unbemerkt eine Leiter liegen, aber freilich durfte außerhalb derselben niemand auf dem Pappelgang gehen, und es mußten sich die Männer, welche sie anlegten, im Entdeckungsfall auf die Schüsse zweier Schildwachen gefaßt machen, und auch darauf, daß ihnen der Rückzug abgeschnitten wurde, denn es war nicht möglich, derselben Stelle gegenüber von außen in den Graben zu gelangen; erst etwa 60 Schritte weiter, wo sich die Mauer abermals zu einer noch höhern Bastei ausbiegt, während der Pappelgang sich gerade dort tief senkt, war es möglich, von außen hinein in den äußern Graben zu gelangen, ohne von innen gesehen zu werden, weil ein im Winter leer stehendes Wohnhaus auf dieser Bastei die Herabsicht verdeckt. Rösler gewann einen Soldaten in der Festung, welcher zwei Bauernburschen aus einem benachbarten Dorf und die nötigen Leitern durch dieselben zu stellen versprach. Auf den 20., 21. oder 22. war der Tag der Ausführung festgesetzt; ein Wagen hielt an allen drei Tagen unweit des Dorfes Asperg in Sicht der Festung; Waffen und alles Nötige hatte Rösler geschickt in seinem Schlafpelze verborgen, in dem er gewöhnlich spazieren zu gehen pflegte. Seine Frau kam hinauf, ihn zu besuchen und ihm zu melden, daß es nun geschehen müsse, aber eine gewisse Ängstlichkeit und Eilfertigkeit in ihrem Wesen mochte Verdacht erregt haben; kurz, als Rösler seinen Spaziergang mit dem Unteroffizier antrat,

zog dieser vor seinen Augen das Seitengewehr und er=
suchte ihn, sich nicht von seiner Seite zu entfernen. Bald
darauf erschien aber auch ein entschlossener und gewandter
Freund, der das Unternehmen von außen zu leiten über=
nommen hatte, und gab das Zeichen, es sei heute un=
möglich. Der Soldat und die beiden Helfershelfer hatten
ihr Draufgeld genommen, einen Versuch gemacht, die junge
Frau um das Ganze der verabredeten Belohnung zu be=
trügen, und hatten nichts gethan, auch nie etwas thun
wollen. Schon nachmittags konnte Rößler durch einen
höchst sinnreichen Einfall seiner Frau davon in Kenntnis
gesetzt werden. Obiges ist die einzige Bestechung, welche
innerhalb der Festung angewendet worden ist, und, wie
gezeigt, zu nichts führte. Aber weder die junge Frau noch
der thätige Freund verloren den Mut. Schon am andern
Tag waren drei kräftige und gewandte Männer anders=
woher gewonnen, die nicht für Geld, sondern aus Über=
zeugung mitwirkten. In einer furchtbar stürmischen Nacht
wurden zwei Leitern in ziemlicher Entfernung von Asperg
entwendet, von ihnen über fünf Viertelstunden weit an
den Berg und hinaufgetragen und in den Graben ge=
schafft; der entsetzliche Sturm hielt alle Schildwachen in
ihren Häuschen und machte alles unhörbar; aber das
Mondlicht gestattete ihnen, alles selbst zu rekognoszieren
und sogar zur Probe die Trennungsmauer selbst zu er=
steigen; dann verbargen sie die Leiter dicht unter der
hohen Mauer, wo sie von oben niemand sehen konnte.
Auch das Wetter morgens war günstig, stürmisch und
etwas regnerisch, so daß keine überflüssigen Spaziergänger
innen und außen zu besorgen waren. Rößler war die
letzten Tage und auch den Morgen des 22. wieder so
unwohl gewesen, daß er fast keine Speise zu sich nehmen
konnte. Um drei Viertel auf 11 Uhr wurde ihm der Be=
such seiner Frau gemeldet; er machte seine Waffen zurecht,
steckte sie zur Hand und ging dann wie gewöhnlich in die
Stube des Aufsehers, seiner Frau Besuch zu empfangen;

sie konnte ihm nur rasch ins Ohr flüstern, daß alles bereit
sei, und daß er den gefährlichen Gang sofort antreten
solle, sobald der Freund draußen das Schnupftuch heraus=
ziehe. Vergeblich drang er in die hochherzige Frau, wieder
fortzugehen, weil man sie zuerst im Verdacht haben und
verhaften würde. Standhaft erklärte sie, sie könne hier
oben noch nützlich sein; und in der That war es auch
nur ihre Anwesenheit und ihr öfteres Erscheinen an Thür
und Fenster, welches den begleitenden Unteroffizier von
jedem Argwohne abbrachte, warum wohl Rößler nicht mit
ihm und seinem Mitgefangenen auf und ab spazierte,
sondern sich stets in der Nähe des Hauses und der Bastei
aufhielt. Die mutige Frau erklärte Rößler noch: „Es ist
besser, ich sitze als du." Sie hatte sogar das größte Opfer
einer Mutter gebracht und auf alle Gefahr hin ihren
Säugling nicht mitgebracht, um zu jedem Beistand bereit
zu sein. Rößler täuschte um so mehr den Argwohn des
Gefangenwärters, indem er seine Frau laut bat, sie möge
ihm nicht übelnehmen, wenn er wegen seines Unwohlseins
erst eine halbe Stunde die frische Luft genieße, ehe er
mit ihr plaudern könne. Kaum war er draußen, und
Unteroffizier und Schildwache hatten den Rücken gewendet,
so glaubte er das verabredete Zeichen zu sehen — er
öffnete die nur verriegelte Gartenthür, stürmte die Treppe
hinab, riegelte die Thür des gewölbten Ganges auf, eilte
durch den Gang, den Graben und die Treppe hinauf zum
Pavillon und sah — keine Leiter! Seine Kurzsichtigkeit
hatte ihn das Zeichen falsch verstehen lassen. Unverweilt
stürmte er zurück, und oben trat ihm die Schildwache mit
gefälltem Gewehr entgegen. Lachend erzählte er der Schild=
wache, der Sturm habe ihm den Hut hinab in den Graben
geblasen, und fragte sie noch spottend: ob sie geglaubt
habe, er wolle durchgehen? Treuherzig erzählte ihm die
Schildwache, wie sie erschrocken sei und geglaubt habe, er
entfliehe, bemerkend: „So etwas müssen Sie nicht wieder
thun!" Rößler lachte mit ihr darüber und sagte: „Da

müßte einer Flügel haben!" Inzwischen hatten sowohl seine Frau als der Aufseher sein Verschwinden und Wiederkommen bemerkt; der Aufseher war sehr unruhig und argwöhnisch; die Frau lispelte Röslern ins Ohr: "Du mußt mich falsch verstanden haben, erst wenn er das Schnupftuch herauszieht!" Der Aufseher befahl der Frau ziemlich barsch, wieder hineinzugehen, während der begleitende Unteroffizier noch gutmütig sagte, er würde nicht so streng gewesen sein. Rösler machte einige Gänge mit dem Unteroffizier und seinem Mitgefangenen, sah diesmal besser durch sein Fernrohr das Schnupftuch herausziehen und stellte sich sprungfertig; aber die Schildwache wich eine Viertelstunde lang nicht von seiner Seite. Wieder erschien die junge Frau an der Thür, er rief ihr zu, sie möge ihm nur noch fünf Minuten gönnen, dann komme er herein; sie antwortete: "Ja, aber komm bald, ich muß um 1 Uhr wieder fort." Inzwischen hatte Rösler die Schildwache genug ermüdet, indem er die Gegend mit seinem Fernrohr betrachtete; er richtete dasselbe noch einmal auf die Fenster der Aufseherwohnung und sah, wie seine Frau mit dem Kinde des Aufsehers spielte und den argwöhnischen Mann vom Fenster wegbrängte. In dem Augenblick kehrte die Schildwache Röslern den Rücken und begann wieder ihren Gang abwärts. Der Unteroffizier war mit Rau wohl 30 Schritte entfernt. Sogleich stürmte Rösler von neuem in den Graben hinab, durch den gewölbten Gang durch, und hinauf zum Pavillon; da lag die Leiter. Er schwang sich über die Mauer, aber die Leiter war einige Fuß zu kurz, er konnte sie nicht mit den Füßen erreichen. Die Männer jedoch, die unten standen, riefen ihm Beruhigung zu und hoben sofort die Leiter mit ihren Armen so hoch, daß er sie gewinnen und herabsteigen konnte. Abermals ein Hindernis! Beim langsamen Herablassen faßte die Leiter einen Zipfel von seinem Schlafpelze und preßte ihn an die Mauer. In dieser Minute zwischen Tod und Leben muß er, während die Leiter unten noch gar nicht den Boden erreicht hat, oben an die Wand gestemmt, sie von der Mauer wegdrängen und so sich frei machen. Nun geht es im Trab etwa 60 Schritte im äußern Graben fort, um die zweite Bastion herum, wo die zweite Leiter stand; die erstere warfen die Begleiter um, die andere zogen sie noch kaltblütig mit hinaus aus dem Graben und verbargen sie in den Weingärten. Und nun ging es den steilen Berg durch die Weingärten hinab, gerutscht, gesprungen, gerannt, gestürzt. Als sie auf die erste Fahrstraße kamen, wo die Chaise halten sollte, war wieder diese nicht da, sie war fehl gefahren. Derjenige, der bestimmt war, für ihre richtige Bewegung zu sorgen, hatte zwar zeitig den Irrtum bemerkt; allein beim eiligen Umdrehen auf dem steilen Bergwege war sie umgefallen, so daß der Darinsitzende lange nicht herausgebracht werden konnte; dann hatte es fast übermenschliche Anstrengungen gekostet, sie aufzurichten. Eine Stange war gebrochen. Als Röslers Begleiter die Chaise am bestimmten Orte nicht fanden, sprang einer mit ihm weiter durch die Wiesen auf eine andere Straße zu; zwei eilten ins Dorf, wo sie eben die Chaise zurückkommend fanden, mit begreiflich großer Heftigkeit herumrissen, auf den nunmehr bezeichneten Weg wiesen und hineinsprangen. Zwar konnte weder dies ohne Aufsehen vorübergehen, noch Rösler seinerseits dem Verdacht eines begegnenden Steuereinnehmers entgehen, welcher sehr richtig kalkuliert haben soll, daß man im Februar nicht ohne Ursache im Schlafgewande über die Wiesen springe: aber letzterer hatte ebenso richtig kalkuliert, es sei nicht ratsam, eine Verhaftung zu versuchen; und in der That wäre schwerlich der erste Aufhaltende in die Lage gekommen, seine Prämie zu genießen. Endlich erreichte man die Chaise, einer der Begleiter stieg mit hinein, und die andern eilten dem nahen Walde zu. Die Chaise fuhr im Galopp von dannen und hatte noch nicht Ludwigsburg erreicht, als die Lärmkanone brummte, jedoch wegen des starken Windes ganz unhörbar. In raschem Fahren fiel Rößlers großer Bart unter der Schere und tauschte er mit seinem Begleiter die Kleidung. Man schlug die Richtung nach Bayern ein; in einer württembergischen Stadt wartete auch schon seit drei Tagen täglich nachmittags ein bespannter Wagen, welcher ihn nun auch rasch weiter führte, und sobald er glatt rasiert war, durfte er es wohl wagen, auch öffentlichen Gelegenheiten sich anzuvertrauen. In der Nacht erreichte er Nördlingen und schlug auf der Eisenbahn die Richtung nach Lindau ein. In Augsburg hatte er das unangenehme Vergnügen, sich erkannt zu sehen von unbekannten Damen, aber zum Glück gerade erst beim Fortfahren, und in einer andern Stadt, wo er ein Bierhaus betrat, kam er an eine Stelle zu sitzen, wo an der Wand sein Bild hing. Es waren aber keine Denunzianten da, obwohl er erkannt worden sein soll. In einer andern bayrischen Stadt war er behufs der notwendigen Erkundigungen an jemanden adressiert, aber irrtümlich, und so, daß die Nachfrage nach diesem ihn vielem Verdachte preisgegeben und ihn persönlich gerade in ein Denunziantennest mitten hineingeführt haben würde; ein Offizier, mit dem er unterwegs zusammentraf und der freilich nichts ahnte, gab ihm glücklicherweise Gelegenheit, sich über alles genau zu erkundigen und eine sichere Adresse zu erlangen. So erreichte er am 24. nachmittags den Bodensee, hier, wie überall, wo er anklopfte, von der kräftigen Unterstützung der Männer und der liebevollen Teilnahme der Frauen geleitet. Das Dampfschiff zu besteigen, durfte er nicht wagen; an einer versteckten Stelle am Ufer lag ein Kahn, in den er sich platt niederlegen mußte, damit vom Ufer aus keine Gestalt außer dem Schiffer gesehen werde. Es war ziemlicher Nebel, da sie abstießen; nach einer halben Stunde sagte ihm der Schiffer: „Stehen Sie auf, jetzt sind Sie frei!" Rößler richtete sich auf, der Nebel war verschwunden, und im ersten Augenblick, wo er sich wieder sicher und frei fühlen konnte, erblickte er in herrlicher Naturbeleuchtung zum erstenmal in seinem Leben die Alpen.

Am 1. April traf Rösler in Brüssel ein, um in Antwerpen am 10. unter Segel nach Amerika zu gehen. Vorher hatte er noch am 12. März seinen Rettern von Bern aus gedankt. Seine Frau geriet nach seiner Flucht in Untersuchung. Allein man konnte ihr kein Einverständnis und keine Beihilfe nachweisen. Man mußte sie nach einigen Stunden um so eher entlassen, als ihr Säugling in Ludwigsburg nur zu lange der Mutterbrust entbehrt hatte. Sie reiste am 2. März nach Mainz und teilte fortan die Schicksale ihres Gatten. Auch die Helfer zur Flucht blieben unbehelligt. Nur der Obermann und die Schildwache erhielten einen längeren Arrest. Rösler wurde in Amerika erst Lehrer, dann seit 1853 Herausgeber der Quincy Tribune in Illinois, in der er 1855 einen Brief an den Senator Thompson erscheinen ließ, eine der kräftigsten Rechtfertigungen des deutschen Elements in Amerika. Er starb am 13. August 1855 in Quincy in Illinois. —

Der glückliche Erfolg, den Rösler bei seiner Flucht gehabt, veranlaßte einen anderen Gefangenen, Apotheker Dr. phil. Albert Frech von Ingelfingen, der wegen Teilnahme am badischen Aufstand in Untersuchungshaft saß, ebenfalls auf unbestimmte Zeit ins Ausland zu gehen. Er teilte seinen Plan einem Mitgefangenen, Ökonom Schneider von Kochendorf, der wegen Preßvergehen saß, bei einer Unterhaltung durch die Fenster mit. Dieser zog Heerbrandt und W. Binder ins Geheimnis, welche in den seit 22. Februar bis Ende April zur Strafkompagnie eingebrachten 12—15 Soldaten Verbündete gewannen. Am 28. April verließ Schneider die Festung und schon Nachmittags traf bei Heerbrandt von Heilbronn mit der Post eine Schachtel mit der Bezeichnung „Backwerk" ein, welche etwa hundert Ellen halbfingerdicke Schnüre zur Anfertigung einer Strickleiter enthielt. Frech hatte in seinem Zimmer ein Brett behutsam losgebrochen und in die Zimmerdecke ein kleines Loch gebohrt, durch das ihm Heerbrandt die Schnur durchschob. Der jetzige

Bewohner von Schneiders Zimmer, Buchdrucker Gülbig von Heilbronn, war nämlich mit ins Geheimnis gezogen worden. Am 2. Mai nach 8 Uhr — es war finstere Nacht — entfernte Frech das losgetrennte Brett, brach den Boden so weit durch, daß er in das untere Zimmer schlüpfen konnte, wobei seine 6 Schlafgenossen ihm halfen. Ohne Hindernisse gelangte er ins Freie. Die Schildwache im Hof ließ ihn auf „Gut Freund" passieren. Denn der Aufseher wohnte gegen den Wall hinaus und es gingen zur Nachtzeit auch manchmal Leute über den Hof. Frech wandte sich links, um die Treppe zu erreichen, welche neben dem Kommandantenbau auf den Wall führte. Oben an der Treppe erwarteten ihn die Strafsoldaten, um ihn zur richtigen Stelle zu führen und in den Graben zu bringen. Auf dieser Seite des Walles gegen das Dorf stand früher ein Turm im Graben hart an der innern Mauer, der bis ungefähr 4 Fuß unter dem Niveau abgebrochen worden war, um ein Gärtchen anzulegen, das einer der Angestellten auf der Festung benützte. Vom Wall aus konnte man ganz leicht über die Mauer auf das Gärtchen hinunterkommen und vermittelst der Strickleiter, wenn sie von einigen Männern oben gehalten wurde, in den Graben gelangen, der vielleicht 20 Fuß tiefer gelegen war. Dort angelangt, ging Frech mit der Strickleiter, die ihm nachgeworfen wurde, im Graben fort bis zum Eingangsthor, das, 10 Fuß hoch, den Graben vom Fahrweg ins Dorf hinunter trennte. An aufrechtstehende, eiserne Nägel, mit denen das Thor oben beschlagen war, hing Frech die Strickleiter und gelangte mit leichter Mühe ins Freie. Gegen 9 Uhr erfuhren Gülbig, Heerbrandt und Binder von den Strafsoldaten, daß alles geglückt sei. Sie gingen in ihre Zimmer, Gülbig spielte, nachdem er Licht gemacht hatte, den Erstaunten über die von Frech in seinem Zimmer verursachte Unordnung (in der Decke ein großes Loch, auf dem Boden ein Haufen Schutt) und rief Heerbrandt und Binder herbei. Letzterer schrie durchs Fenster der Schildwache zu, sie solle den Aufseher holen. Bald kam, da dieser im Urlaub war, der Unteraufseher und ein Landjäger, nahmen den Thatbestand auf und gingen ins obere Zimmer. „Frech ist nicht mehr da!" hieß es alsbald. Am andern Morgen fand man die Strickleiter am Grabenthor.

Frech, dem am 3. Mai ein Steckbrief nachgesandt wurde, ging auf seiner Flucht durch Tübingen an dem Untersuchungsrichter, der ihn fast erkannt hätte, vorbei, und gelangte in die Schweiz. Er wurde am 7. Februar 1852 in contumaciam zu 18 Jahren Zuchthaus verurteilt.

Doch nicht nur mit Untersuchungsgefangenen bevölkerten sich seit 1848 die Gefängnisse Hohenaspergs. Ihnen folgten bald verurteilte Staatsverbrecher.

Am 9. Dezember 1848 erging das Urteil in der Untersuchungssache gegen die Unteroffiziere und Soldaten des 8. Infanterieregiments und 2. Reiterregiments, die in Heilbronn sich dem Aufstand angeschlossen hatten. Es waren zu Festungsarbeit von 6 Jahren bis 1 Jahr 2 Monaten verurteilt: 3 Obermänner, 2 Rottenmeister und 20 Soldaten, weil sie am Heilbronner Krawall vom 14. Juni, an der Befreiung von Gefangenen in Weinsberg am 15. und der Verbrüderung zwischen Militär und Volk am 16. Juni teilgenommen hatten. —

Am 18. Oktober 1848 verurteilte das Oberamtsgericht Tettnang Karl Ignaz Schabet, Redakteur des Württ. Seeblattes in Friedrichshafen, wegen Vorbereitung des Hochverrats und Majestätsbeleidigung durch die Presse zu 1 Jahr Festungsstrafe. Erst am 3. Oktober 1849 wurde er auf den Asperg abgeliefert und am 15. Juni 1850 auf sein Gnadengesuch an den König entlassen. Am 29. August 1849 wurde Karl Beyschlag aus Nördlingen, Redakteur der Ulmer Donauzeitung, wegen fortgesetzter Aufforderung zum Aufruhr zu 6 Monaten Festungsstrafe verurteilt und am 25. Januar 1850 auf den Asperg abgeführt. Am 1. März 1850 erhielt vom Schwurgericht in Ludwigsburg Wilhelm Binder (s. o.) wegen Majestäts=

beleibigung und Aufforderung zum Aufruhr eine auf der Festung zu erstehende Arbeitshausstrafe von 10 Monaten. Er trat dieselbe am 3. Mai an.

Er bekam in den Mansarden ein Zimmer gegen den Hof hinaus. Den Strafgefangenen war kein Bett erlaubt; sie erhielten nur Matratze und Teppich, Binder aber wurde mit Rücksicht auf seine Gesundheitszustände, die der Aufseher dem Kommandanten vorstellte, gestattet, sein eigenes Bett, das er schon seit Januar während seiner wegen Preßvergehens erfolgten Haft benutzt hatte, mit in das neue Lokal zu nehmen. Er teilte das Zimmer mit zwei Gefangenen, darunter Schabet. Morgens gab es Wassersuppe, Mittags Gemüse und Spätzlen, dreimal in der Woche Fleisch, abends trockenes Brot, Bier oder Wein aus eigenen Mitteln, wozu täglich 9 Kreuzer verwendet werden durften. Jeden Tag konnte Binder eine Stunde auf dem Wall in einem bestimmten Raum, von einem Landjäger begleitet, spazieren gehen. Kein anderer Gefangener durfte den Raum betreten. Seine Frau durfte er nur eine Stunde unter Aufsicht des Landjägers sprechen. Seine Beschäftigung war, Akten für die königlichen Gerichtshöfe abzuschreiben. Weil man aber 20 Strafgefangene zu beschäftigen hatte, war Binder jedesmal in 1½ bis 2 Tagen fertig und hatte dann mehrere Wochen Ruhe. Der Kommandant beauftragte ihn auch, einen neuen Katalog für die Bibliothek, über 1000 Bände, meist Unterhaltungsschriften, anzufertigen, die Hausordnung ins Reine zu schreiben und die Tabellen, in die jeder Ankömmling seit 1839 mit Namen, Alter, Vergehen und Strafzeit eingetragen war, abzuschreiben. Nach 9 Uhr durfte im Zimmer kein Licht mehr brennen. Während der Julihitze wurde der Spaziergang auf morgens 7 Uhr verlegt. Auch erhielt Binder vom 3. August bis 15. September Urlaub zu seiner Gattin, als sie Wöchnerin war. Ende September und Anfang Oktober war es so kalt, daß drei Tage lang der Spaziergang unterblieb. Bis 12. Oktober hielt die Nässe und Kälte an, die Zimmer mußten geheizt werden, obgleich das Reglement dies erst vom 15. Oktober ab gestattete. Zur Kälte kam noch, daß die Gefangenen am 17. Oktober ungenießbare Spätzlen zum Mittagessen erhielten. Sie übergaben diese dem Aufseher, dieser dem Verwalter, der sie zwar nicht durchgekocht, aber genießbar fand. Anders urteilte der Militärarzt, dem sie während der

Mittagstafel bei Schittenhelm überreicht wurden. Die Gefangenen erhielten zur Entschädigung, weil sie mittags trockenes Brot essen mußten, abends ein Pfund Kartoffeln und Butter. Übrigens wurden Eßwaren zugelassen. Binder erhielt nie seine Waschkiste ohne solche. Einige Flaschen Wein wurden bisweilen eingeschmuggelt, so am 14. Juni bei Schabets Abschied. Am 26. Oktober siedelte Binder in das Nebenzimmer über, am 16. Dezember in ein kleineres Zimmer im obern Gang hart an der Thürstaffel mit herrlicher Aussicht über die Wallmauern; jeden Neuankommenden sah er jetzt. Seine 8 Monate gingen am 26. Febr. zu Ende, er mußte aber noch 6 Wochen Urlaub nachholen.

Als am letzten März Fürst Konstantin v. Waldburg=Zeil († 1862), der am 18. September 1850 wegen Beleidigung der königl. Staatsregierung zu einer auf der Festung zu erstehenden Kreisgefängnisstrafe von 5 Monaten verurteilt worden war und seit 1. November auf dem Asperg saß, denselben verließ, übergab er dem Aufseher eine Gabe für den in den letzten Tagen von allen Mitteln entblößten Binder. Auch sandten ihm der im Zimmer Nr. 6 sitzende Rechtskonsulent F. und der Metzger Maier von Calw leckere Fleischwaren. Am 10. April um 7 Uhr nahm er Abschied von seiner Zelle, seine Strafzeit als Staatsgefangener war um.

Am 15. August 1850 wurde Sprachlehrer Karl Schwarz von Kirchheim u. T. (geb. 1812 in Weilheim) wegen Aufruhrs vom Juni 1849 zu 18 Monaten Arbeitshausstrafe auf der Festung verurteilt und noch am Nachmittag durch einen Landjäger auf den Asperg eingeliefert. Ebenso erhielt am 7. September 1850 der praktische Arzt und Gemeinderat in Weinsberg Th. K., weil er im September 1848 bei einer Volksversammlung in Heilbronn zum Aufruhr aufgefordert haben sollte, eine auf der Festung zu erstehende Kreisgefängnisstrafe. Er traf am 1. November auf dem Asperg ein, war dort der freien Bewegung verlustig, aber nicht in sein Zimmer eingeschlossen, wie die Strafgefangenen zweiter Klasse. Am 29. April 1851 verließ er, begnadigt, die Festung. Am 22. Oktober 1850 verurteilte das Schwurgericht Ulm den vormaligen Lehrgehilfen Nikolaus Claus von Hofstett=Emerbuch, O.A. Geis=

lingen, welcher am 8. Juni 1849 den Kanonier Ölhafen im Schloß zu Göppingen befreit hatte, zu einer auf der Festung zu vollziehenden Kreisgefängnisstrafe von sechs Monaten, von denen drei Monate Untersuchungshaft abgezogen wurden.

Ebenso erhielt am 27. Februar 1851 Eduard Forster, Kaufmann in Gmünd (geb. 1812, † 1872), der am 25. Mai 1849 in der Kolbschen Bierwirtschaft zu Stuttgart die Soldaten aufgefordert hatte, vor Beeidigung auf die Reichsverfassung nicht auszumarschieren, auch 36 Soldaten zur Unterzeichnung einer Erklärung veranlaßt hatte, zwei Monate Kreisgefängnis auf der Festung. In gleicher Weise wie Binder wurde er übrigens 15.—19. Mai 1851 zu seiner kranken Frau beurlaubt. Am 10. Juni war er frei.

Am 16. Januar 1851 wurden die Angeschuldigten des Rauschen Prozesses vom Asperg zum Schwurgericht nach Rottweil eskortiert und dort am 31. März 1851 verurteilt: wegen versuchten Hochverrats im Komplott Rau zu 13 Jahren, der Kellner August Spreng von Rottweil zu 8 Jahren auf der Festung zu erstehender Zuchthausstrafe; wegen Aufforderung zum Hochverrat der Bauschreiber Friedrich Müller von Ludwigsburg zu 4 Jahren Arbeitshaus, auf der Festung zu erstehen; Landwirt Karl Erath von Rottweil wegen öffentlicher Beleidigung des Königs 1 Jahr Arbeitshausstrafe auf der Festung. Rau wurde 1853 begnadigt und starb in Amerika.

Am 26. Juli 1851 wurden die Teilnehmer am Rieblinger Aufruhr vom 9. und 14. Juni 1849 verurteilt, und zwar Güterkommissär Johann Sträßle zu einer auf der Festung zu erstehenden Arbeitshausstrafe von 20 Monaten, Kaufmann Joseph Fidel Gröber, Kaufmann Thaddäus Eduard Miller zu einer auf der Festung zu erstehenden Kreisgefängnisstrafe von 15 Monaten. Der Kassationshof setzte 12. September 1851 Gröbers Strafe auf 1 Jahr herab. — Am 4. August 1851 erhielten wegen des Heilbronner Aufruhrs vom 12. Juni 1849 Kauf=

mann Friedrich Carle und Seckler Adolf Vogel von Heilbronn 6 Monate, Kaufmann August Kenngott von Öhringen 4 Monate Festungsstrafe. — Wegen Aufforderung zum Hochverrat beim Aufruhr in der Pfalz erhielt der deutsch-katholische Prediger Heinrich Loose in Stuttgart am 17. August 1851 8 Monate Festungsstrafe.

Es begann dann in Ludwigsburg der letzte, große politische Prozeß gegen die Teilnehmer der Rieblinger Versammlung: August Becher, Rechtskonsulent in Ravensburg, Mitglied der Reichsregentschaft 2c., und Genossen. Becher hatte sich gestellt und war am 10. Juli 1851 auf den Asperg gekommen. Am 10. September wurden 36 Angeschuldigte nach Ludwigsburg in das Lokal der Hofküche gebracht. Am 5. Februar 1852 erhielten Kreisgefängnis auf der Festung: Kaufmann Julius Haußmann von Blaubeuren wegen das Verbrechen des Hochverrats vorbereitender Handlungen und wegen Aufforderung zum Aufruhr und zur Teilnahme am Hochverrat in Baden und Rheinbayern 2 Jahre 6 Monate; Rechtskonsulent Karl Fr. von H., Dr. Friedrich August Ernst Ludwig Rösler von Brackenheim, Kameralamtsbuchhalter Karl Johann Gottlob Enslin von Heiligkreuzthal, Schullehrer Joseph Letzer von Grünmettstetten wegen Aufforderung zur Teilnahme am Hochverrat in Baden und Rheinbayern 8 Monate; der praktische Arzt Franz Joseph Mayer von Oberndorf wegen das Verbrechen des Hochverrats vorbereitender Handlungen 1 Jahr 3 Monate, Kaufmann Heinrich Schweickhardt von Tübingen wegen Anstiftung zum Aufruhr 1 Jahr 6 Monate, Pfarrer Joh. Mich. Elsenhans von Klosterreichenbach wegen Aufforderung zum Aufruhr 8 Monate und Schullehrer Georg Christian Schömperle von da wegen Mitanstiftung und Aufforderung zum Aufruhr 10 Monate. Am 30. April 1852 wies der Kassationshof die Nichtigkeitsbeschwerde Haußmanns ab. Dagegen wurde ihm am 1. Mai 1854 der Rest der Strafe im Gnadenwege erlassen. Am 30. Juni 1852 erhielt Rechtskonsulent Karl Alexander Klumpp in Freudenstadt 4 Jahre Kreisgefängnis auf der Festung und schließlich 8. Juni 1853 Franz Ant. Schatz, stud. jur. von Offingen, OA. Rieblingen, wegen hochverräterischer Absicht bei Abfassung eines Briefes und Anordnung eines Bussenfeuers 3 Jahre Festungshaft. Becher und andere wurden freigesprochen.

Hiermit endigen die Verurteilungen von politischen Verbrechern. Der Asperg sah fortan keine Staatsgefangenen mehr.

Es sei zum Schlusse noch etwas über die Behandlung und Lebensweise der zu Kreisgefängnis auf der Festung Verurteilten gesagt. Als Strafgefangene ersten Grades durften sie, da sie Hausarrest hatten, aber nicht in ihre Zimmer eingeschlossen waren, mit Bewilligung des Kommandanten Besuche empfangen und andere Strafgefangene desselben Grades besuchen, täglich zwei Stunden lang das Gefängnisgebäude verlassen und innerhalb der Festung ohne Begleitung sich bewegen. Somit konnten sie auch die Wirtschaften innerhalb der Festung besuchen. Es gab deren mehrere. Zunächst ist zu nennen der Bäcker der Festung, der originelle Kärcher, bei dem mancher angenehme Stunden verlebte. Er und seine „Dicke", eine würdige und verständige Hausfrau, waren den Politikern eifrig zugethan. Ludwig Seeger, der, wegen eines Preßvergehens zu sechs Wochen verurteilt, im Herbst 1849 den Asperg bewohnte, singt:

> Herrlich ist's beim Beckenfürsten,
> Wo Huronen niemals dürsten,
> Wo man Ofenpunsch kredenzt,
> Wo die Beckin freundlich plaudert,
> Wo der Beck vor „Preußen" schaudert
> Und die Nosel rußig glänzt . . .

Ebenso beliebt war die längst bestehende Barthsche Wirtschaft. Schon Schubart sang 1779:

> „Und wenn sich der Schuster ein Kreuzerl erspart,
> So laßt er die Arbeit, fix ist er beim Barth,
> Da heißt es: Madlene, schenk sie mir ein,
> Vom besten Dreibätzner diesjährigen Wein!"

Dieser Profoß Barth, der zugleich ein Wirtshaus hatte, war der Vater von Philipp Barth (1778—1854), der schon 1813 und noch 1850 Wirt auf dem Asperg war. Ein alter Mann mit ehrwürdigem weißem Haar, saß er 1850 engbrüstig, meist kränklich im Großvaterstuhl hinter dem Ofen. Desto rühriger war trotz ihres Alters seine schmächtige Frau, Elisabeth, eine geborene Beutelspacher. Zwei Töchter waren da: Friederike († 1854) und Mina, von denen die ältere mit der Mutter für das leibliche Wohl der Gäste sorgte, die jüngere die Honneurs der Wirtschaft machte. Um den runden Tisch mit der Säule in der Mitte sammelten sich die Achtundvierziger besonders gern, da der einzige Sohn Barths, der spätere Gastgeber zur Linde im Dorf Asperg, ein „Roter" war. Dieses hatte indessen zur Folge, daß der Familie Barth auf Oktober 1850 die Wirtschaft, die sie 40 Jahre inne hatte, gekündigt wurde. Frau Barth erlebte den gezwungenen Abzug nicht, am 2. Oktober starb sie im 71. Lebensjahre, wie der Trauerbrief im Schwäbischen Merkur sagte, „infolge der in letzter Zeit erlittenen bitteren Mißkennungen und Kränkungen". Der Gatte, der die Wirtschaft räumen mußte, starb im vierten Jahre darauf.

Die Wirtschaft erhielt nach Barths Abzug im Oktober 1850 Metzger Krautter; in seinem geheizten Zimmer versammelten sich im kalten April 1851 die frierenden Gefangenen.

Außerdem hielt noch der alte Schittenhelm, ein gemäßigt freisinniger, verständiger Mann, eine von Beamten und Offizieren, aber auch von Strafgefangenen ersten Grades besuchte Wirtschaft.

In der Geschichte des Hohenasperg im achzehnten und neunzehnten Jahrhundert spiegelt sich einigermaßen die Geschichte des Landes Württemberg und seiner Fürsten von Herzog Karl Alexander bis König Wilhelm I. In die Mauern eines unbedeutenden Festungsberges eingezwängt sehen wir ein lehrreiches Stück Geschichte des deutschen Volkes, der alten deutschen Kleinstaaterei, deutschen Ringens und Kämpfens um Freiheit und Einheit, in Zeiten, welche für diese noch nicht reif waren. Wenn auf jenem Münchner Obelisk für die von Napoleon 1812 in Rußland geopferten Bayern steht: Auch sie starben für das Vaterland, so kann man von nicht wenigen der Staatsgefangenen von Hohenasperg sagen: Auch sie litten für ihr Vaterland, für Württemberg und das Deutsche Reich!